E i o u
A B E B i
B O B G.

2 + 4 = 6
4 + 2 = 6
3 + (5 = 8

MKAH
bAti
Kiikon
iKAP

1 2 3 4 5
6 7 8 9 10 .

+ 7 = [13 4]
+ 2 = [9 4]
+ 8 = [13 4]

STADI ZAKA NI

2 8 8
2 2

MKANDA
bAti
Kiikombo
iKA Pu

GARICETU

6 + 7 = [13 4]
7 + 2 = [9 4]
5 + 8 = [13 4]

A E i O
B A B E
B O B C

2 8 8 4
2 2

MKANDA
bA

E i O u
A B E B i
B O B G.

2
4
3 + (5 = 8

MKA
bA

GA RICETU

E i O U
A B E B I
B O B G.

2 + 4 = 6
4 + 2 = 6
3 + 5 = 8

MKA
bAti
kiikon
kAf

1 2 3 4 5
6 7 8 9 10.

+7 = 13
+2 = 9
+8 = 13

STADI zaKH
NI

2 8 8
2

MKANdu
bAti
kiikombe
kAPu

GARieety

1

6+7 = 13
7+2 = 9
5+8 = 13

A E i O
B A B E
B O B G

2 8 8
2

MKANdu
bAti
kiikombe
kAPu

E i O U
A B E B I
O B G.

2 + 4 = 6
4 + 2 = 6
3 + 5 = 8

1

GARieety

우리는
모두 다르게
배운다

우리는 모두 다르게 배운다

이수인 지음

누구나, 언제나, 저마다의 속도로

어크로스

서문

어떻게 이 일이 시작되었는가

나는 2008년 겨울의 두 달을 샌프란시스코의 신생아 집중치료실에서 보냈다. 남편 이건호의 유학을 위해 이주한 미국에서 태어난 첫 아이는 복잡한 의료 문제가 있었고, 의사들은 이 아이가 갖게 될 장애에 대해서 이야기해주었다. 나는 아이를 키우는 일에 대해서도, 장애가 있는 아이의 부모가 되는 것에 대해서도, 내가 좋아했던 회사와 일로 돌아가지 못하고 미국에서 살아가게 될 미래에 대해서도 제대로 준비되어 있지 않았다. 그때까지 내가 살아온 인생의 어떤 부분도 이 아이를 키우는 데에 도움이 될 것 같지 않았다.

한국에서 남편과 나는 비교적 수월하게 공부했고 좋은 학교를 졸업해 남들이 좋다고 하는 회사에서 일했다. 이렇게 살아가는 게 행복이라고 여겼지만 내가 가진 것과 그 의미에 대해서 깊이 생각해보지 않았다. 모국어를 쓸 수 없는 나라에 가서 남들과는 다르게 자랄 아이를 키우게 된 후에야 배움에 대해, 삶에 대해, 행복에 대해 깊이 고민하기 시작했다. 학습이 어렵고 장애가 있는 아이는 어떻게 학교생활을 하게 될까? 그런 아이와 살아가는 인생에서 나는 어떻게 행복해질 수 있을까?

어느 날, 낯이 익은 의사가 신생아 집중치료실에 있는 나에게 예전에 무슨 일을 했느냐고 지나가듯 말을 건넸다. 나는 우물쭈물 대답했다. "게임 개발자… 비디오 게임 만드는 일을 했어."

"우와, 멋지다!" 의사가 눈을 반짝이며 소리쳤다. "여기 있는 아이들에게 그런 기술이 너무나 필요한데."

이 대화가 내 인생을 새로운 방향으로 이끌었다. 그녀뿐 아니라 수많은 친절한 사람들이 겁먹고 있는 초보 부모에게 기꺼이 말을 걸어주고, 자신들이 인생에서 배운 지혜를 나눠주었다. 그 덕분에 우리가 가진 유일한 재주인 '게임을 재미있게 만드는 기술'을 사용해서 학습이 어려운 아이들을 위한 제품을 만들어주고 싶다는 생각을 하게 되었다.

건호가 박사과정을 끝낸 후 함께 창업한 에듀테크 회사 에누마는 '하나하나 빠뜨리지 않고 센다'는 뜻의 영어 단어 '이누머레이트'에서 따온 이름이다. 에누마는 '학습이 어려운 아이들도 사용할 수 있는 최고의 교육 제품을 만든다'라는 미션을 따르는 기업이다. 우리가 만드는 제품은 빨리 배우는 아이가 하나도 틀리지 않게 하는 것이 아니라, 남들보다 느리게 배우는 아이가 실패하거나 실망하지 않도록 하는 데 집중한다. 또한 우리 제품은 이른 나이에 학습을 해야만 하는 아이들, 교사가 가르치기 어려운 환경의 아이들, 이주 배경을 가졌거나 학교의 교과과정을 소화하지 못하는 아이들처럼 배우는 데 어려움을 겪는 수많은 아이들에게 도움이 된다.

우리가 만든 제품들은 부모와 교사, 무엇보다 아이들에게 매우 좋은 반응을 얻었고 시장의 다른 교육 제품에도 영향을 끼쳤다. 2015년부터 2019년까지의 기간에는 전 세계의 기초교육을 개선하기 위해 개최한 '글로벌 러닝 엑스프라이즈 대회'에서 가장 좋은 학습성과를 증명하면서 우승했다.

우리는 지난 12년간 기초 교육 영역에서 많은 성공적인 제품을 만들었고 그 경험으로부터 많이 배웠다. 그리고 그 경험은 에누마의 멋진 동료들과 함께 만들어온 것이다. 팀에서의 내 역할은 이런 훌륭한 사람들이 도전할 만한 멋진 목표를 탐색하고, 제품디자인의 매 순간마다 '그래서 답을 모르는 아이는 어떻게 해요?'라고 묻는 것이다.

처음 제품을 만들었을 때, 나는 내 아이처럼 장애가 있는 아이들이 겪는 학습의 괴로움을 줄여주는 데 초점을 맞추었다. 하지만 전 세계에는 공부가 어려운 아이들이 너무도 많다는 사실을 알게 되었다. 학교에 갈 수 없는 아이들, 학교를 다니면서도 읽고 쓰기조차 제대로 익히지 못하는 아이들, 배우는 속도가 느린 아이들이 각자의 속도와 방식으로 배울 수 있는 방법을 찾는 것이 우리가 할 일이라고 믿는다. 또한 AI 기술이 빠른 속도로 발전하면서 아이들이 미래를 위해 갖춰야 할 역량이 무엇인지, 그것을 학교에서 어떻게 가르쳐야 할지에 대한 의문에 답할 수 있는 길도 찾고자 한다. 팬데믹으로 학교가 닫힌 동안 더욱 심해진 교육 손실의 문제도 해결되어야 한다.

나와 동료들이 만드는 제품이 이를 도와주리라고 기대하지만 쉬운 일이 아니고, 때로는 실패하기도 한다. 교육 전문가들도 답을 모르는 교육의 문제가 있고, 테크 전문가들도 잘 풀지 못하는 기술의 문제가 있으며, 기술과 교육은 아직 완벽한 파트너는 아닐지도 모른다. 다행히도 우리는 기술로 풀 수 있을 것 같은 문제를 하나 찾았다. 기존의 방식으로는 제대로 배우지 못하던 아이들이 디지털 학습 제품을 이용해 공부할 마음이 들고, 최소한의 읽기 쓰기와 셈하기를 익힐 수 있음을 증명했다. 이 과정에서 어떻게 제품을 만들어야 하는지를 배웠고, 잘한 일과 잘못한 일을 통해 분석하고, 깨닫고, 그 깨달음을 바탕으로 더 많은 아이들에게 닿을 수 있는 더 발전된 제품에 도전하고 있다. 학습할 상황이 갖춰지지 않은 환경의 아이들이나 장애가 있어 학습이 어려운 아이들뿐 아니라 모든 아이들이 더 잘 배울 수 있는 방법을 고민한다.

이 책은 그렇게 지내온 시간들에 대한 이야기다. 나는 그리 잘 배우는 사람이 아니라서 굳이 몸으로 부딪치며 많은 시행착오를 겪었고, 눈에 보이는 답을 생각하지 못하고 동료들을 먼 길로 돌아가게 하기 일쑤였다. 그래도 경험으로부터 배우고 끊임없이 성장했다. 그동안의 나의 배움에 대한 이야기이자 내 아이를 키우면서 다른 아이들을 발견하는 이야기이기도 하고, 세상에 도움이 되는 제품을 만들기 위해서 노력하고 실패하며 다시 노력하는 과정을 통해 나와 동료들이 머물 자리를 찾아가는 이야기이기도 하다.

지나간 시간을 통해 우리가 깨달은 교훈 중 어떤 것은 다가오는 미래의 교육에서도 유효할 것이다. 아이들은 모두 다르게 배운다. 아이들의 능력, 환경, 경험은 서로 너무나 다르고, 표준에 맞지 않는 수많은 아이들이 실패하고 괴로움을 겪는다. 우리는 디지털 교육에서 이 문제를 개선할 수 있다는 희망을 보았고, 이 길에 더 많은 도전과 혁신이 있기를 바라면서 이 이야기를 나눈다. 우리의 이야기가 다른 사람들이 각자의 답을 찾아가는 과정에 조금이라도 의미가 있기를 바란다.

차례

1부

실패가 예정된
아이들을 위한 제품

알 수 없는 미래의 시작

'높은 확률로 지적장애, 행동 문제, 자폐의 위험이 있음.'

아이를 낳으면 인생이 바뀔 거라고 막연하게 생각했었다. 그렇지만 미국의 병원 신생아 집중치료실에 앉아 인큐베이터에 누워 있는 아이 옆에서 희귀질환에 대한 논문을 읽으면서, 어떻게 발음하는지도 모르는 의학용어를 영한사전에 하나하나 넣어보면서, 나는 내 인생이 지금까지와는 매우 다를 것이라는 사실을 깨달았다.

갓 태어난 아이는 일반적인 유전자 구성과 조금 다른 희귀한 형태를 가지고 있었고, 그로 인해 몇 가지 의료 문제를 안고 있었다. 논문에서 아이가 미래에 겪을 수 있는 다양한 어려움의 목록을 읽어 내려가는 동안 내가 가장 무서웠던 것은 지적장애와 자폐를 예고하는 부분이었다. 나는 어렴풋이 초등학교 6학년 때 교실 맨 뒤에 앉아 있던 몸집이 큰 자폐 아이를 떠올렸고, 〈백치 아다다〉나 〈벙어리 삼룡이〉 같은 소설 속 인물의 묘사를 되짚어보았고, 한때 큰 인기를 끈 〈레인맨〉, 〈포레스트 검프〉 등의 영화에 등장하던 장애가 있는 주인공의 모습을 떠올렸다. 하지만 그 이상으로는 아는 것이 없었다. 한때 가까웠으나 이제는 연락이 뜸해진 사람들의 소식을 묻다가 "그 집 아이가 장애가 있대"라는 말을 전해 들었던 기억이 떠올랐다. 그 말을 전하는 사람은 목소리를 낮추고 슬픈 표정을 잠시 지었었다.

장애가 있는 아이와 함께하는 미래는 어떤 삶일까? 가장 먼저 남편과 나를 사로잡은 감정은 슬픔이었다. 아픈 아이가 가엾어서 슬펐고, 아이의 미래가 슬펐고, 우리가 살던 평범한 세상을 잃어버린 것이 슬펐다. 그다음에 몰려온 감정은 두려움이었다. 우리가 알지 못하는, 그렇지만 막연히 슬프고 어려울 것으로 짐작되는 '장애를 가진 아이의 부모'로 살아갈 미래에 대한 두려움이었다.

당시 나에게는 물을 곳이 별로 없었다. 한국의 가족이나 친구와 전화선 너머로 하기에는 너무 무거운 대화였고, 미국에는 아직 이야기를 털어놓을 만한 친구가 없었다. 그래서 나는 장애가 있는 아이를 키우는 부모가 쓴 수기를 읽으면서 시간을 보냈다.

우리 아이와 비슷한 유전 증후군의 아이는 없었지만 어쨌든 뭐든지 읽어보았다. 다운증후군 아이의 부모가 기록하는 블로그, 장애가 있는 아이들을 맡아 기르는 목사님의 에세이, 뇌성마비 아들의 휠체어를 끌고 달리는 아버지의 수기, 청각장애 아동의 부모를 위한 지침서들…. 책 안의 사람들이 열심히 살아가는 모습은 감동적이었지만 그 어떤 것도 내 모습과 맞지 않은 듯이 느껴졌다. 그들처럼 헌신적으로 아이를 돌보며 살아가는 내 모습을 그려보기가 힘들었다.

며칠 후 병원의 유전학자인 닥터 골라비가 병실에 찾아와서 무슨 질문이든지 해보라고 했을 때, 나는 "이 아이와 같은 유전 정보의 아이를 찾아서 어떻게 자랐는지 알아볼 수 있을까요?"라고 물었다. 머리가 하얗게 센 그 할머니는 황당하다는 표정을 짓고는, 어린아이를 대하듯이 조곤조곤 말을 쏟아냈다. "너는 유전적으로 정상인 아이를 하나 보면 그 아이가 어떻게 자랄지, 공부를 잘할지 못할지, 착하고 남을 돕는 사람이 될지 악인이 되어 교도소에서 삶을 마무리할지 알 수 있겠니? 장애가 있는 아이든 그렇지 않은 아이든 마찬가지야. 아이가 어떻게 자라고 어떤 삶을 살아갈지는 아무도 알 수 없어."

나는 머릿속에서 막연히 '장애가 있는 아이'와 '장애가 있지 않은 아이'를 나누고, 그 부모의 인생도 '장애가 있는 아이를 키우는 불행한 삶'과 '그렇지 않은 행복한 삶'의 두 갈래로 나눠지는 것처럼 생각했던 것이다. 하지만 닥터 골라비는 아이와 그 가족의 인생을 예측하려고 하는 것은 너무나 어리석은 일이라고, 부모가 어떤 마음을 먹느냐에 따라 모든 것이 달라진다고 말해주었다. 더군다나 우리 아이의 유전질환은 일반적으로 찾아볼 수 있는 조합도 아니기 때문에, 무슨 일이 벌어질지 아무도 알 수 없다고 말했다. "축복이지 않니? 아무도 모른다고!"

아무것도 모르니까 축복이지 않냐고 말하는 것이 참 닥터 골라비다웠다. 그는 소아과의사이자 유전학자로 40년 넘게 일하며 유전자 이상을 가지고 태어난 많은 아이들과 그 가족을 지켜본 사람이었는데, 몇 번이고 일부러 시간을 내어 찾아와 자기가 보아온 사람들의 이야기를 해주곤 했다. 닥터 골라비는 아이를 어떻게 받아들이는지에 따라서, 그리고 그 아이와 어떤 인생을 살기로 결정하는지에 따라서 부모의 삶이 바뀐다고 말해주었다. 우리 부부는 그의 낙관주의에서 많은 것을 배웠다. 나는 두려움과 슬픔을 옆으로 밀어두고 내가 모르는 많은 것을 배워야겠다고 마음먹었다. 처음의 놀라움과 두려움이 너무 컸기 때문에 그 뒤에 벌어지는 일들은 받아들이기 어렵지 않았다.

우리 아이는 아주 기본적인 것조차 혼자서 하기 어려워했다. 아주 이르게 태어난 것이 아닌데도 3주 동안 눈을 뜨지 못했고, 인큐베이터 바깥에서 숨을 쉬는 데만도 몇 주가 걸렸다. 청각 테스트를 통과하지 못했고, 우유를 제대로 삼키지 못해서 위루관을 달고서야 병원을 나설 수 있었다. 아이를 위해서 배워야 할 것이 쏟아졌다. 일주일에 너덧 번은 병원에 데리고 가야 하니 운전면허를 땄고, 아이의 위루관에 붙은 기계를 조작하는 법을 배웠으며, 집으로 찾아오는 아이의 치료사들을 맞이하기 위해서 영어를 연습했다. 그리고 아이를 키우는 법을 배우기 시작했다.

소아과 지침서에는 '너무 걱정하지 않아도 아이는 다 알아서 한다'고 쓰여 있었지만, 우리 아이는 그렇지 않았다. 아이가 알아서 하지 않으면 어떻게 해야 할까? 학습을 통해서 할 수 있게 하면 된다. 뇌의 가소성 이론이란 인간의 뇌가 작동하는 방식이 고정되어 있지 않고, 지식과 경험이 쌓이면서 변화한다는 이론이다. 그래서 뇌가 손상된 상태라도 계속된 학습과 연습을 통해 기능적인 변화를 가져올 수 있다고 설명한다.

이런 이론을 바탕으로 아이가 세 살이 되기 전에 최대한 자극을 줌으로써 뇌의 구조와 기능을 극대화하는 것이 장애 아동의 조기중재(early intervention, 3세 미만의 아이들에게 발달을 촉진하기 위해 제공되는 특수교육 서비스)에서 중요한 개념이다. 아이가 혼자서 할 수 없는 것이라도 반복해서 시키다 보면 뇌가 그 기능을 작동하는 데 익숙해질 것이라는 뜻이다. 그래서 아주 일찍부터 온갖 치료사들이 집을 방문해서 아이가 삶에 필요한 기능을 습득할 수 있도록 부모를 가르쳤다.

물리치료사는 나중에 아이가 기는 동작을 할 수 있도록 팔과 다리를 번갈아서 접었다 폈다 하는 운동을 시키라고 일러주었다. 작업치료사는 아이가 입으로 우유를 먹지는 못하지만 물이라도 조금씩 삼키는 연습을 시키고, 입 안쪽의 근육을 손으로 자극하라고 했다. 놀이치료사는 아이와 눈을 맞추고 장난감을 손에 쥐게 한 후 흔들어주고, 아이의 손을 잡고 손뼉을 쳤다. 그리고 수화를 가르치는 교사가 와서 나에게 간단한 수화를 가르쳤다. 상황을 보여주고, 단어를 말하면서 거기 맞춰 손을 움직였다. 처음 배운 단어는 모은 손가락을 서로 부딪쳐서 '좀 더(more)', 편 손가락을 털어서 '그만(all done)'이었다.

인간은 특정한 발달단계마다 도달해야 하는 목표가 있다. 예를 들어 대부분의 아이들은 생후 7개월 때 혼자서 앉고, 기고, 한 손에서 다른 손으로 물건을 바꿔서 쥘 수 있다. 12개월이 되기 전에는 "엄마", "아빠"라고 말하고, 간단하게 "이거 줘"라는 요청에 맞춰 물건을 건네준다. 18개월 전에는 일어나서 걷는다. 스스로 배울 수 없다면 너무 늦지 않게 뇌에 그 기능이 입력될 수 있도록 자극을 주어야 한다. 일반적인 발달단계에서 너무 뒤쳐지면, 해당 기능과 연결된 뇌 기능이 발달하는 것이 점점 더 어려워진다. 유아 발달단계 차트는 대부분의 부모에게 소아과에 갈 때마다 가볍게 확인하는 체크리스트겠지만, 나에게는 아이에게 가르쳐야 할 내용을 담은 커리큘럼이었다. 그러니 매일 마음이 바쁘고 조바심이 났다.

아이는 바퀴 달린 자동차 장난감들을 유독 좋아했는데, 12개월에 둥글게 벌린 손을 옆으로 두 번 반복해서 움직여 '자동차'라고 수화로 말했다. 아직 목소리는 내지 못했지만 '단어를 말할 수 있다'라는 발달단계를 통과했던 것이다! 나는 뛸 듯이 기쁜 마음에 남편에게 전화했고, 집을 방문하는 수화 선생님에게 이 소식을 알렸다. "'자동차'라고요! 우리 아이가 '자동차'라고 수화로 말했어요! 정말 멋진 일이지요!"

아이가 태어난 후 첫 1년 동안 나의 세계는 완전히 바뀌었다. 나는 한국에서 태어났고, 한국어도 잘 말하고 공부도 그럭저럭 잘했으며, 남들이 알아주는 대학을 나와서 그럴듯한 직장에 다

넜다. 이렇게 남들 눈에 그럴듯하게 살아가는 것이 당연한 인생인 듯이 살아왔다. 그렇지만 나는 어쩌다가 미국에 왔고, 영어를 잘 못하는 이민자로서 장애가 있는 아이를 키우게 되면서 그 전과는 다른 삶을 살아가는 방법을 배웠다. 그리고 인간 뇌의 능력은 고정되어 있지 않아서 계속 자극을 주고 학습하면 변화할 가능성이 있다는 것을 배웠다. 무엇보다도 학습의 목표가 완벽하고 훌륭한 결과를 얻거나 또래 중 제일 빨리 잘하게 되는 것에 있지 않고, 매일 조금씩 더 배워나가는 것을 기뻐하고 축하하는 데 있다는 것을 배웠다.

이런 아이들에게
게임이 필요해

나는 어릴 때부터 컴퓨터게임을 좋아했다. 다양한 게임기를 가지고 있던 오빠의 어깨 너머로 게임을 구경했고, 대학에 들어가서는 게임을 좋아하는 친구들을 만났다. 졸업 후에는 학교 선배가 창업한 게임 스타트업에 입사한 뒤 여러 게임 회사를 거치며 기획자로 일했다. 남편도, 친한 친구들도 대부분 게임 회사 사람들이었다. 게임 만드는 법에 대한 책을 번역하고 게임 잡지에 기고하고 게임 개발자의 일상을 담은 웹툰을 출간했다. 시간이 날 때는 게임을 했고, 아이가 태어나기 전날 밤까지도 온라인게임을 하고 있었다. 그날 밤이 내가 마지막으로 게임을 한 날이다.

그날 이후 두 달간 나는 신생아 집중치료실에 매일같이 출근했다. 아침부터 밤늦게까지 인큐베이터 옆에 앉아서 장애에 대한 책을 읽거나 각종 유전질환에 대한 논문을 읽었다. 내가 좋아하던 게임 개발자라는 일이 세상에서 제일 쓸모없는 일처럼 느껴지는 매일이었다. 대학 다닐 때 교직 이수라도 할 걸 그랬나 후회했고, 남편에게도 컴퓨터공학을 전공하기보다 의사가 되었으면 좋지 않았겠냐고 말할 정도였다. 장애가 있는 아이와 살아갈 세상에서 내가 할 수 있는 일이 도무지 그려지지 않았다.

그러던 어느 날 신생아 집중치료실의 닥터 슬레이글이 말을 걸었다. 하루 종일 혼자 앉아 있는 나에게 의사들은 친절하게 말을 건네주곤 했다. "헤이, 맘."(의사들은 이곳에 있는 모든 엄마들을 그렇게 불렀다) "너 직업이 뭐였어? 예전에 일했을 것 같은데." 그 질문을 천천히 알아들은 후에 내 직업을 말하기가 너무 부끄러워서 얼굴에 열이 확 올랐다. 나는 쩔쩔매며 말을 골랐다. "게임 개발자…. 나랑 남편은 비디오게임을 만드는 일을 했어." 그녀의 얼굴이 순간 밝아졌다. "우와, 멋지다! 여기 있는 아이들에게는 그런 기술이 너무 필요한데…."

비디오게임이 이 아이들에게 필요하다고? 나는 그 순간까지 한 번도, 정말 한 번도 그런 생각을 해본 적이 없었다. 내가 미국에 오기 전에 마지막으로 진행했던 프로젝트는 3D 온라인게임에 음성인식을 사용해서 청소년 영어교육에 활용하는 프로젝트였다. 나는 게임이 교육에 활용될 가능성을 진지하게 생각하고 게임 회사의 교육산업 진입 가능성에 대한 보고서를 여러 편 작성했지만, 한 번도 그 경험들과 장애가 있는 아이들을 연결시켜 본 적이 없었다. 하지만 닥터 슬레이글의 한마디는 이전까지 생각해보지 않았던 세계로 나를 데려다놓았다. 신생아 집중치료실에 있는 어떤 아이들에게는 배우는 것이 남들보다 더 중요할 것이고, 혼자 보낼 많은 시간을 채워줄 취미가 필요할 것이다. 나는 게임은 학습을 재미있게 만들어줄 수도 있고, 시간을 더 의미 있게 보내도록 도와줄 수도 있다는 것을 알고 있었다. 머리가 엄청나게 바쁘게 돌아갔다.

　그날 집에 와서 '장애인을 위한 소프트웨어'와 '장애 아동을 위한 교육 소프트웨어'라는 말을 구글 검색창에 넣어보고는 매우 당황했다. 검색 결과로 나온 제품들의 스크린샷이 너무 시대에 뒤떨어져 있었다. 심지어 30년 전에 윈도우 3.1용으로 만들어진 제품도 여전히 판매되고 있었다. 일반적인 교육용 소프트웨어도 마찬가지였다. 어린아이들용 소프트웨어는 흥미를 끌기 위해서 그래픽을 많이 배치하고 즉석에서 피드백을 주기 때문에 자연스럽게 게임과 비슷한 형태가 된다. 그러나 그 수준은 '진짜' 게임과 비교하면 조악하기 짝이 없었다.

　나는 내가 전에 다니던 회사를 떠올렸다. 건강한 성인이 심심할 때 즐기는 게임을 만들기 위해서 몇백 명의 개발자가 몇 년씩 시간을 들여 제품을 만든다. 수많은 사용자를 위해 멋지게 만든 세계가 준비되어 있고, 풍부한 콘텐츠가 있어 오랜 시간 플레이해도 지루하지 않다. 사실 게임이라고 해서 무조건 재미가 생기는 것이 아니다. 사용자가 재미를 느끼게 하려면 재미를 위한 모든 요소가 제자리에 들어맞아야 하는데, 이게 공식이 있는 것도 아니고 계산이 되지도 않아서 잘 맞추는 것이 쉬운 일이 아니다. 경험 있는 사람들을 모아 비싸게 만든다고 무조건 재미있는 게임이 나오는 것도 아니다. 하지만 잘 만들어진 게임은 사람들에게 좋은 경험을 하게 해준다. 사람들은 흥미와 재미를 느끼고, 고양감을 경험하거나 승리감을 느낄 수 있다. 더 잘 만든 게임은 아주 오랜 시간 동안 이런 좋은 경험을 하게 할 수 있다. 잘 만들어지지 않은 게임은 재미는커녕 답답함과 짜증을 느끼게 만들고, 사람들은 이런 제품은 오래하지 않고 바로 그만두어버린다.

　그런데 내가 본 교육용 제품들은 투입된 자원이 명백히 부족해 보였고, 제품의 만듦새나 사용성 수준도 형편없었다. 저런 소프트웨어로 억지로 학습을 하면 흥미를 느끼기는커녕 매우 괴로울 것이 뻔했다. 장애인을 위한 소프트웨어나 교육 소프트웨어에 대한 논문들을 찾아 읽어봤지만 별 도움이 되지 않았다. 내가 읽은 논문들은 '교육용 게임을 만들어서 아이들에게 시켜보았는데 아이들의 반응이 썩 좋지도, 썩 나쁘지도 않았다. 따라서 교육용 게임이 아이들의 흥미를 불러일으키는지는 확실치 않다'는 식이었다.

하지만 사용자의 재미는 제품이 어떻게 만들어졌느냐에 따라 천차만별로 달라진다는 것이 게임업계의 상식이므로, 이런 수준의 학술논문들은 전혀 도움이 되지 않았다. 그러나 당시의 교육 소프트웨어에 대한 연구는 대개 이런 식이었다. 어떻게 만들어야 더 좋은 교육용 제품을 만들 수 있는지에 대한 정의나, 더 좋은 제품이 더 좋은 결과를 가져올 것이라는 기대는 찾아볼 수 없었다. 교육자와 연구자들은 사용자의 경험을 좋게 만들거나 괴롭게도 만들어줄 수 있는 소프트웨어의 UI(사용자 인터페이스) 또는 UX(사용자 경험)와 사용성의 중요성에 대해서 이해하고 있는 것 같지 않았다.

오히려 게임산업으로부터 건강한 사람들을 재미있게 해주기 위해 쓰이는 다양한 기법을 사용해서 아이들의 학습을 재미있게 만들 수 있다는 생각들이 나왔다. 유명한 게임 기획자인 라프 코스터는 《라프 코스터의 재미이론》이라는 책에서 "게임에서 사람들이 느끼는 재미는 인간이 학습을 하면 기쁨을 느끼도록 만든 뇌의 작용을 이용해서 만들어낸 것이고, 그러므로 좋은 게임은 좋은 학습 방법이기도 하다"라고 주장했다. 나는 이 책에서 게임과 학습에 대한 저자의 주장에 깊이 감명 받았고, 이런 생각을 장애가 있는 아이들을 위해서 써보겠다고 생각했다.

당시 나는 2007년에 출시된 아이폰의 최초 버전을 사용하고 있었다. 아직 쓸 수 있는 소프트웨어가 많지 않았고 인터넷 연결 속도도 매우 느렸지만, 많은 사람들이 이 새로운 터치스크린 기기로 할 수 있는 다양한 가능성을 상상하고 있었다. 2009년에는 앱스토어가 최초로 열렸다. 나는 장애가 있는 어린아이들이 쓸 수 있는 교육용 앱을 만들어보겠다고 다짐했다.

처음 내 계획을 응원해준 사람은 영어를 가르쳐주러 온 옆집의 마이클이었다. 내가 영어 수업 첫날에 '나중에 아이폰으로 공부를 가르치는 앱을 만들고 싶다'는 아이디어를 설명하자, 그는 신이 나서 자기가 영어를 가르치기 위해 만들어서 사용하는 다양한 쪽지 게임들을 보여주었다. 그가 나의 공부를 위해서 준비한 영어교재는 뒷전으로 밀려버리고 이후의 영어 수업 시간은 프로젝트 기획 회의로 변했다. 나는 이 아이디어를 진지하게 추진하기 시작했다.

일단 프리랜서들의 힘을 빌려 단순한 교육용 앱을 만들어 아이폰 앱스토어에 올려보았다. 간단한 인공지능 음성인식을 사용해서 영어단어를 배우는 앱, 동전을 세는 앱, 수학 문제를 푸는 앱 등이었다. 만드는 시간도 오래 걸리지 않았고, 아이들도 오랫동안 할 것이 없는 아주 작은 앱들이었다. 이런 식으로 잠깐 아이의 관심을 끌고 마는 앱으로는 제대로 된 학습이 어려울 것 같았다. 그래도 터치스크린은 쓰기 편해서 사용자의 조작에 반응하는 상호작용(인터랙션)을 통해 학습을 재미있게 만들 방법은 정말 많았다. 그러는 사이에, 커다란 아이폰 태블릿이 나올 거라는 소문이 떠돌았다.

더 큰 아이폰이 나온다면 장애가 있는 어린아이를 위한 인지치료용 장난감을 만들겠다고 진작부터 정해둔 터였다. 우리 집을 방문하는 청각장애 아동 조기중재 전문가인 헬리사는 매번 나무로 만든 단순한 퍼즐 장난감을 하나씩 들고 왔다. 우리 아이는 퍼즐을 좋아했지만 맞추는 데는 오래 걸렸다. 아이의 시선은 이미 답에 가 있는데, 소근육이 발달하지 못해서 손이 퍼즐 조각을 제대로 쥐지 못했고, 아이에게는 퍼즐의 방향을 구멍에 맞게 조금 돌리는 것도 쉬운 일이 아니었다. 또 이런 퍼즐 장난감은 아이가 몇 번 맞추고 나면 그만하게 되니, 더 많은 퍼즐 장난감이 필요했다. 나는 100개의 퍼즐이 들어 있는 아이폰 게임을 상상했다.

나는 작업치료사, 언어치료사, 놀이치료사가 가지고 오는 장난감들을 하나하나 기록하고, 그것을 통해 가르치려는 목표가 무엇인지 적어 넣고, 어떻게 하면 이 활동들이 디지털로 재현 가능할지를 생각했다. 곧 아이의 치료사들도 내 생각에 호기심을 가지고 주변에 관심 있을 만한 다른 전문가를 소개해주거나, 자기가 생각한 디지털 도구의 스케치를 들고 왔다. 아이의 언어치료나 작업치료 시간도 곧 제품 제작을 위한 브레인스토밍 시간이 되었다.

그러고서는 내가 미국에 오기 전 다녔던 회사인 엔씨소프트의 CSR 팀(기업의 사회적 책임을 총괄하는 팀)에 '장애가 있는 아이들을 위한 특수교육 아이패드 앱'을 제작해보자고 제안서를 보냈다. 당시 아이폰은 아직 한국에 도입되지 않았기에 한국의 IT 회사들은 아이폰과 앱스토어에 대해서 뉴스로만 접하고 그 가능성에 많은 호기심을 가지고 있었다. 그래서 아이패드로 어린 장애 아동들을 교육시키는 도구 제작을 지원하고, 이를 통해 새로운 기기의 사용성이나 접근성을 알아볼 수 있다는 프로젝트 아이디어를 진지하게 고려해주었다. 여기에 엔씨소프트 재직 당시 교육용 프로젝트를 진행했던 내 경력이 도움이 되어 이 프로젝트

나는 100개의 퍼즐이 들어 있는 아이폰 게임을 상상했다.

를 진행하겠다는 결정이 났다. 미국에서 프로젝트 팀이 한국으로 제품 개발에 관한 아이디어를 보내면, 엔씨소프트에서 제품을 제작해 미국 앱스토어에 올리기로 한 것이다.

나와 함께 아이디어를 나누던 영어 강사인 마이클, 아이의 언어치료사인 마야, 작업치료사인 데이비드, 그리고 프로토타입 제작으로 인연이 생긴 수학 교사 케이틀린 등으로 작은 프로젝트 팀을 구성했다. 엔씨소프트 내부에는 아이패드용 특수교육 앱을 개발하기 위한 TF 팀이 생겼다. 그렇게 해서 나는 아이가 태어난 지 1년 만에 '장애가 있는 아이를 위한 교육 소프트웨어를 만들자'는 꿈에 첫발을 내딛을 수 있었다.

마리오가
죽지 않게 해주세요

엔씨소프트의 사람들은 한국의 다양한 장애 아동 커뮤니티에서 설문조사를 하고 그 결과를 미국으로 보내주었다. "어떤 게임이 아이들을 도울 수 있을까요?"라고 묻자 어떤 부모로부터 "마리오를 죽지 않게 해주세요"라는 답이 돌아왔다고 했다. 휴대용 게임기로 게임하기를 좋아하는 아이가 있는데, 슈퍼마리오 게임에서 타이밍에 맞춰 점프하는 것을 잘 못해서 마리오가 계속 '죽는다'는 것이었다. 아이가 계속 실패해 좌절하고 좋아하는 게임을 끝까지 진행하지 못하는 것이 마음 아프니, 아이가 조작을 잘 못하더라도 주인공이 죽지 않는 게임을 만들어달라고 요청했던 것이다.

미국에서 우리가 조사한 조기중재 전문가와 치료사들의 관점은 또 달랐다. '뭐든 상관없으니까 재미있어서 아이들이 관심을 갖게 해주기만 하면 된다'는 것이었다. 무엇이든지 아이가 관심을 가지고 좋아하는 것이 있기만 하면, 그걸 이용해서 가르치는 활동으로 유도하는 것은 교사가 할 수 있다. 그런데 아이가 교사와의 활동에 흥미를 갖지 않으면 수업을 진행하기가 어렵다. 치료실의 교사들은 아이들의 관심을 끌기 위해서 온갖 장난감과 과장된 얼굴 표정을 동원하고, 맛있는 간식을 주면서 아이들의 반응을 유도하기도 했다. 그렇지만 장애가 있는 아이들 중에는 이런 자극에 호기심을 갖지 않는 경우도 있고, 잘 되지 않는 것을 반복해서 시키니 실패한 후 짜증을 내거나 교사를 무시해버리기도 한다. 그렇기 때문에 아이들이 바로 반응하는 아이패드 게임에 대한 기대가 매우 높았다.

아이패드가 처음 출시되었을 때 사람들이 가장 놀란 점은 아주 어린 아이들도 이 기기를 사용할 수 있다는 것이었다. 기저귀를 찬 아이가 아이패드 스크린을 넘기는 사진이 언론 기사에 등장했다. 스마트폰과 태블릿 PC가 나오기 전까지는 영유아가 컴퓨터를 사용하는 일은 상상하기 어려웠다. 컴퓨터와 키보드, 마우스의 더블클릭을 사용하는 것은 초등학교 3학년 수준의 소근육 조절과 눈-손 협응, 인지능력이 필요하다. 숫자 키패드로 조작하는 구형 핸드폰은 쓰기가 더욱 복잡했다.

그런데 새로운 기술인 터치스크린은 눈으로 본 것을 손으로 그대로 짚을 수 있으므로 인지적으로 매우 사용하기가 쉽고, 태블릿은 아이들이 실제로 보는 사물과 비슷한 크기라서 조작하기가 쉬웠다. 그래서 두 살 이하의 아이들도 이를 통해서 IT 기기를 조작할 수 있었다. 2010년 시작된 '어린아이를 위한 컴퓨터와 소프트웨어'라는 새로운 시장은 매년 20퍼센트씩 성장하면서 아동교육, 조기중재와 특수교육에 새로운 시대를 가져왔다.

엔씨소프트의 '인지니' 시리즈는 인지연령이 가장 낮고 조작능력이 떨어지는 아이들에게 적절한 UI/UX를 찾고 유익한 결과를 만들어내려는 실험적인 프로젝트였다. 18개월에서 36개월 사이의 아이들을 대상으로 한 조기중재 프로그램을 디지털로 만들어본 것이다. 치료사들이 필요하다고 생각하는 기능을 분석해서 디지털 인터랙션을 만들고, 이를 장애가 있는 아동에게 테스트하면서 개선했다.

장애가 있는 아이를 위한 앱을 기획할 때 제일 어려웠던 일은 아이들의 수준에 맞추는 일이었다. 아주 쉽지만 재미있는 활동을 만들어야 하고, 아무리 인지능력이 낮더라도 반드시 성공하게 만들어야 했다. 이 두 가지 생각 모두 그 시대에 존재하던 학습이나 게임의 사상과는 크게 달랐다.

기존의 게임들은 어려운 문제에 도전하는 재미를 중요하게 생각했기 때문에 난이도를 계속 올리면서 사용자가 잘 조작하지 못하면 실패라고 선언한 후 다시 하게 하는 것이 일반적이었다. 게임이 어려워서 계속 실패하면 어른도 재미없고 화가 난다. 나는 게임을 좋아했지만 끝까지 진행한 적이 거의 없었는데, 아무리 쉽고 단순해 보이는 게임이라고 해도 나에게는 조작이 너무 어렵거나 문제가 쉽지 않아서 실패를 거듭하다 화가 나서 중간에 그만두어버렸기 때문이다. 그런데 당시의 게임 개발자들은 게임이 쉬우면 재미가 없다고 생각했으므로, 난이도가 낮은 게임을 만들어서 모든 사용자를 반드시 성공시키겠다는 발상을 잘하지 않았다.

이렇게 연속해서 실패하게 만들거나 재미없는 게임을 만나면, 잘 못 만들어진 제품이라면서 제작자를 욕하고 끝내면 된다. 그러나 어른들이 아이에게 교육용 게임을 시킬 때는 제품이 아니라 아이의 능력에 대한 가치판단을 한다. 아이의 능력으로 할 수 없는 것을 시켜놓고 아이가 하지 못하면 쉽게 "너 못하는구나"라고 말하는 것이다. 게임에서 실패를 맛보고 "너는 안 되네"라는 말을 들은 아이는 움츠러들고, 손대지 않게 되며, 다음 번 기회가 왔을 때 또 실패한다. 그러니 기껏 게임으로 만들어 제시해도 아이들이 학습을 할 의욕을 갖지 못한다.

나는 이 문제를 해결하기 위해서 아이들에게 충분히 쉬운 문제를 주고, 그 문제를 푸는 것을 재미있게 만들고, 성공할 수 있게 해서 자신감을 심어줄 수 있다고 생각했다.

∴

쉬운 문제를 재미있게 만드는 것은 매우 까다로운 일이었다. 제품을 만드는 사람들의 인지능력이 이미 높으니 얼마나 쉬워야 제대로 쉬운 거고 재미가 있는 건지 알기가 매우 어려웠다. 인지능력이 두 살인 아이를 위해서 만들려니 어른들의 눈에는 너무 단순했고, 이 정도의 단순한 동작이 사용자에게 의미가 있는지 알기 힘들었다. 이런 게임이 재미있는지를 알려면 직접 아이들에게 시켜보는 수밖에 없었다. 그림을 하나 보여주고 아래 있는 두 개의 그림 중 위의 그림과 똑같은 그림을 고르게 하는 단순한 활동이 재미있을 방법이 있을까? 일러스트레이션을 예쁘게 다듬고, 소리를 경쾌하게 고치고, 그림을 골랐을 때의 애니메이션을 더하고, 애니메이션이 나오는 타이밍을 조절하고…. 그러다 보면 어느새 아이들이 쉬지 않고 다음 판, 다음 판으로 넘어가며 진행하는 때가 온다. 비로소 재미가 느껴지는 것이다.

쉽게 만드는 것이 중요한 이유는 아이가 계속할 수 있게 하려는 것이다. 어린아이들은 실패하면 재도전하겠다고 벼르는 것이 아니라 바로 짜증을 내고 그만두어버린다. 인지적으로 쉽기만 하면 되는 것도 아니었다. 소근육이 잘 발달하지 않은 아이들이 손가락이 아닌 손바닥으로 화면을 두드리더라도 괜찮아야 했고, 화면에 나와 있는 물체를 파악하는 데 오래 걸리더라도 기다려 줘야 했다. 아무것도 하지 않고 생각하는 동안 화면이 꺼져도 안 되었다. 틀린 답을 골라도 멈추지 않고, 정답을 찾을 때까지 계속할 수 있어야 했다. '성공'은 답을 옳게 맞히는 것만을 의미하는 것이 아니다. 틀린 답을 입력하더라도 의미가 있고 재미가 느껴지면 괜찮고, 몰입하면서 무언가를 생각하고 그 결과를 통해 배울 수 있다면 성공이다.

인지니에 들어 있던 게임들은 당시 치료사들이 사용하던 조기 중재 도구를 하나하나 디지털로 옮긴 것이었다. 퍼즐 놀이, 패턴 맞추기, 음악 패턴 게임, 손가락으로 터치하기, 문지르기, 보고 기억해서 맞추기 등의 활동이다. 매우 단순하지만 조금씩 단계가 변화하고, 단순함이 지루하게 느껴지지 않도록 아름답고 다양한 일러스트레이션을 사용했다. 이런 게임 모음 앱에 '장난감 상자'라는 디자인 방향을 제시하고 아름다운 나무 상자로 이를 구성한 것은 엔씨소프트의 재능 넘치는 디자이너 조한상의 작품이었다. 이 디자인이 어찌나 획기적으로 예뻤는지 그 뒤에 나온 아이패드 교육용 앱의 절반이 장난감 나무 상자를 디자인 테마로 썼다.

미처 앱스토어에 올리기도 전에 동네의 장애 아동을 대상으로 테스트하던 인지니에 대한 소문이 동네 치료사들을 타고 퍼지면서, 장애가 있는 아이의 부모들이 아이패드를 사 들고 집으로 찾아왔다. 장애가 있는 아주 어린 아이도 쓸 수 있다는 것이 인지니의 가장 큰 장점이었다. 이 아이들이 성공할 수 있는 활동이 현실 세계에 많지 않았기 때문에, 아이들은 재미있는 반응이 벌어지고 실패하지도 않는 인지니의 디지털 액티비티를 참 좋아했다.

그중 한 아이는 태아기에 약물로 인해 뇌손상을 입고 태어나 시각 정보를 잘 인식하지 못하는 상태였다. 여섯 살이었지만 아직 손가락을 하나 세워서 무언가를 가리키는 것도 잘하지 못했다. 그 아이에게 인지니의 가장 쉬운 게임인 '농장' 게임을 열어 주었다. 톡톡 치면 계란에 금이 가고, 계속 쳐서 계란이 깨지면 병아리가 깨어난다. 아이가 아이패드 안에 있는 계란들을 주먹으로 내리쳐 깨면서 즐거워하는 것을 보고 아이 엄마는 눈물을 글썽거렸다.

'인지니: 어린아이들을 위한 인지훈련 모음'은 미국 앱스토어에서 출시되어 크게 성공했다. 애플 앱스토어 팀도 계속해서 제품을 홍보해주었고, 아이패드를 장애 아동 치료에 사용하기 시작한 특수교육 전문가들 사이에서도 빠르게 입소문이 났다. 2011년 가을, 인지니는 미국에서 가장 권위 있는 아동 제품상 중 하나인 '페어런츠 초이스 어워드'의 디지털 앱 부분에서 골드 메달을 획득했다. 페어런츠 초이스는 "아름답게 만들어진 이 앱은… 아동용 디지털 앱의 기준을 세우고 눈높이를 올렸다"고 선정 이유를 밝혔다.

첫 제품이 만들어진 후 인지니 팀은 목소리를 내지 않는 아이를 위해 버튼을 눌러 의사표현을 하는 의사소통 도구인 '마이 퍼스트 AAC(My first AAC)'와, 아이가 자기 이름을 쓰는 연습을 할 수 있게 하는 '라이트 마이 네임(Write My Name)'을 연이어 출시했다. 훌륭한 게임 개발 팀이 충분한 예산을 가지고 만든 이 제품들은 쓰기도 좋고 완성도도 높았다. 학교에 들어가게 된 아이가 반드시 도달해야 할 목표인 '자기 이름 쓰기' 연습을 위해 만들어진 라이트 마이 네임 앱은, 두 살짜리 아이가 자기 이름을 쓰게 만드는 기적의 앱이라는 칭찬을 받으며 애플 앱스토어 교육 카네고리에서 1위에 올랐다.

하지만 처음부터 단기적인 실험 형태로 시작된 프로젝트였다. 앱스토어가 폭발적으로 성장하고, 안드로이드 운영체제가 뒤이어 세상에 퍼지고, 게임의 기본 플랫폼도 PC에서 모바일로 빠르게 전환하기 시작하던 2012년 초에 이 프로젝트는 공식적으로 마무리되었다. 나는 앞으로 무엇을 할지 새로운 고민을 시작해야 했다. 그러는 동안 어느덧 우리 아이는 네 살이 되었다. 아이는 아이패드와 매일 놀았고, 능숙하게 퍼즐을 맞추었으며, 연필을 쥐고 알파벳과 숫자를 쓸 수 있었다. 그동안의 시간에 대한 충분한 보상이었다.

한 아이를 위한
온 마을의 약속

"아이에게 장애가 있다면 아이를 돌보는 일만으로도 시간이 엄청 들어가지 않나요? 어떻게 제품 만드는 일을 하시려는 건지 이해가 안 되네요." 인지니 프로젝트 초기에 내가 도움을 청했던 어떤 사람은 나에게 이렇게 말했다. 그 건조한 어조에는 어떤 감탄도, 응원도, 비난이나 비판도 없었다. 그는 말 그대로 이해가 가지 않았을 뿐이었다. 장애가 있는 아이의 엄마가 어떻게 일을 할 수 있을까?

아이에게 장애가 있다는 것을 처음 알았을 때 나조차도 그렇게 생각했다. '아, 나는 이제 다시는 내가 사랑했던 일터로 돌아갈 수 없겠구나. 나는 이 아이를 돌보는 일에 평생을 쓰게 되겠구나.' 내가 아이를 낳은 후 슬퍼했던 마음에는 우리 아이가 갖지 못할 성공적인 미래만큼이나 사라진 나의 커리어에 대한 슬픔도 큰 비중을 차지했던 것 같다. 나와 남편은 새로운 삶이 어떨지에 대해서 이야기를 많이 나눴는데, 내가 계속 회사를 다니는 미래는 한 번도 그려보지 못했다. 수많은 병원 스케줄과 치료 스케줄 때문에 부부가 각각 회사에 출근하는 삶을 사는 것은 불가능해 보였다.

아이는 두 살까지 계속 입원과 퇴원을 반복했는데, 집에 있는 날에는 거의 매일 치료사들이 찾아왔다. 영어를 잘 못하는 나로서는 보통 '스몰토크'라고 하는 날씨 이야기나 소소한 안부 이야기는 아예 할 줄 몰랐다. 그렇지만 오랫동안 생각하고 여러 명의 치료사들에게 몇 번이고 말해서 꽤 유창하게 구사할 수 있는 문장이 있었다. "이 아이가 좀 괜찮아지면, 장애가 있는 아이들을 위한 소프트웨어를 만들어보고 싶어. 곧 커다란 터치스크린 태블릿이 나온다는 소문이 있으니 이런 아이들이 쓸 수 있을 것 같아. 그래서 이런 스케치를 해봤는데, 치료에 도움이 될까?"

일주일에 두 번 집으로 찾아오던 아이의 수화 교사는 또래 아이를 키우고 있었다. 그녀는 내 스케치를 보고 "당장 이걸 만들어"라고 말했다. "너는 가서 그걸 만들어. 네 아이를 키우는 건 우리가 도와줄게." 미국의 이웃들도, 병원의 의사도, 아이를 거쳐간 수많은 치료사들도 모두 입을 모아 격려해주었다. "우리가 도와줄게. 장애가 있는 아이를 키우는 건 생각처럼 어려운 일이 아니야. 각자 자기가 제일 잘하는 걸 하면 되지."

⠂⠄

그들이 약속이나 한 듯 그렇게 말할 수 있었던 이유는 우리 가족이 살던 지역의 특수교육 시스템이 매우 훌륭했기 때문이다. 우리는 캘리포니아의 버클리 지역에 살고 있었는데, UC 버클리는 1970년대의 장애인 보편교육법 도입 투쟁과 장애인의 자조 생활권 운동의 중심지였다. 휠체어가 도로로 내려갈 수 있도록 보도를 기울게 잘라내는 '커브컷(연석 경사로)'이 처음 도입된 도시이기도 했다. 도시를 구성하는 많은 요소에서 장애접근성의 기준이 높고, 장애에 대한 사람들의 포용력도 높으며, 학교에서 제공하는 특수교육의 기준도 높았다. 버클리에는 북부 캘리포니아에서 제일 처음 세워진 청각장애 아이들을 위한 조기중재 교육기관인 CEID(Center for Early Intervention on Deafness)가 있었다.

CEID는 5세까지의 청각장애 아동에게 필요한 모든 서비스를 제공하는 센터로 가정방문 프로그램, 청능 센터, 언어치료 센터, 프리스쿨을 운영했다. 영아에게는 일주일에 두 번씩 수화 선생님을 집으로 보내주고, 아이가 18개월이 되면 선생님과 아이 비율이 1 대 2인 특수교육 프리스쿨의 유아반에 입학할 수 있었다. 학생 5명에 선생님이 3명인 유아반에서는 아직 걷지도 못하는 아이들과 휠체어를 탄 아이들이 수화로 이야기하면서 어울려 놀았다. 아이가 학교에 있는 동안에 언어치료, 작업치료, 운동치료 등이 진행되었다.

CEID가 운영하는 프리스쿨과 같은 건물에는 비장애 아동들이 주로 다니는 일반 프리스쿨도 있었는데, 이곳은 장애 통합 학교로 수화를 할 수 있는 보조교사들이 통합환경에서 돌봄을 제공했다. 우리 아이는 오전에는 특수교육의 유아반에 있다가, 오후에는 일반 프리스쿨에서 다른 아이들과 함께 시간을 보냈다. 아이가 유아반에 들어가 9시에 학교에 가고 5시에 집에 오게 되자 내 생활이 크게 달라졌다. 물론 틈틈이 병원 스케줄이 있었지만, 제대로 계획을 세우고 무언가를 집중해서 할 시간이 생겼다.

미국은 1975년에 제정된 장애인교육법의 영향으로 장애가 있는 아동의 교육접근권이 매우 높은 수준으로 보장된다. 학생의 14퍼센트 정도에게 특수교육을 제공하는 미국에서는 확률적으로 다섯 가구 중 하나에는 장애가 있는 아이가 있다고들 했다. 그중 청각장애나 발달장애, 지체장애처럼 확실히 드러나는 장애가 있는 아이는 그리 많지 않고, 대부분의 아이들은 한국 기준으로는 그저 읽기를 잘 못하거나 주의집중력이 떨어지는 정도로 학습에 어려움이 있는 아이들이다. 이런 아이들도 경계성 지적장애, 난독증이나 ADHD 등의 진단을 바탕으로 '지원이 필요한 아이(Special Needs)'로 분류되어 특수교육이 제공된다.

캘리포니아에서는 장애가 있는 아이 한 명을 위한 예산이 일반 아이들을 위한 예산의 두 배에 달한다. 일반적인 교육재정은 주정부가 담당하지만 특수교육 예산은 중앙정부가 지원하기 때문에 학교에 추가부담이 들지 않는다. 예산이 크니 다양한 서비스를 제공할 수 있고 오랫동안 이 일을 해온 전문가들도 많았다. 이들은 부모 상담과 격려의 전문가이기도 했다. 부모가 아이의 장애 때문에 심리적으로 위축되고 부정적인 마음을 가지면 교육이 이루어지기 어려우니, 부모들에게 긍정적인 마음을 불어넣는 데에 최선을 다했다. 진취적인 아이디어를 들으면 무조건 훌륭한 생각이라고, 너는 할 수 있다고 박수를 쳐주었다.

"정말 멋진 생각이야! 네 아이에게도 정말 도움이 되겠다." "너 정도 영어면 괜찮아! 내 한국말보다 훨씬 나아. 나 네가 하는 말 대강 알아들을 수 있어. 그 정도면 충분해." "아이에게는 그냥 한국말을 써! 가족이 편한 언어로 자극을 받는 게 제일 좋아. 영어로 말하려고 노력할 필요 없고 부모가 편한 게 제일이야." "네 인생을 사는 것도 아이를 보는 것만큼 중요한 일이야. 아이를 봐줄 사람이 필요하면 나에게 연락해." 갓 이민했고 아이를 낳은

지 얼마 안 되고 많은 일을 겪어서 위축된 마음에 그들의 격려는 큰 힘이 되었다. 타인에게 한없이 긍정적인 캘리포니아의 문화에도 익숙하지 않고 영어도 잘 못했던 나는 '멋지다', '대단해' 같은 말을 곧이곧대로 받아들였다. 그래서 할 수 있다는 마음에 고양되어 용감하게 프로젝트의 제안서를 썼던 것이다.

∴

장애를 가진 아이를 위한 디지털 교구를 만들겠다는 아이디어에 관심이 있는 사람들을 만나 이야기를 나누면서, 그들이 나의 롤 모델이라는 것을 알았다. 동네에서 만나서 친구가 되거나, 소개를 받아 같이 일하게 된 사람들도 대부분 나보다 몇 년 먼저 아이의 치료와 특수교육을 경험한 부모들이었다. 아이의 소아과의사도 장애가 있는 자기 아이의 경험을 종종 들려주었다. 언어치료사와 물리치료사도 장애가 있는 아이를 키우고 있었다. 그들은 '게임을 만들다가 이제는 장애가 있는 아이를 위한 앱을 만들려고 하는' 나의 계획을 누구보다도 잘 이해해주었다.

인지니 프로젝트를 위해서 모인 프리랜서들은 대부분 아직 어린 아이가 있어서 전일제 직장은 다닐 수 없지만 어떻게든지 커리어를 이어나가려고 노력하는 엄마들이었다. 우리는 서로의 집을 방문해서 회의를 하거나, 사무실 바닥을 깨끗이 정리한 후 장난감을 한 아름 갖다 두고 아이를 데리고 와서 일했다. 그게 가능했던 것은 우리가 하는 일의 대부분이 아이들의 놀이치료 커리큘럼이나 교구를 수집하고 관찰한 후에 아이디어를 내고, 앱으로 만들어진 프로토타입을 아이들에게 시켜보고 관찰하면서 치료사나 부모와 이야기를 나누는 일이었기 때문이다. 그렇게 관찰한 후, 아이가 잘 때나 퇴근한 남편에게 아이를 넘겨준 다음에 문서 작업을 했다. CEID에서 한 블록 떨어진 곳에는 자폐가 있는 아이들을 위한 운동 놀이 센터가 있었는데, 그곳에서는 장애가 있는 아이들을 맡아주는 돌봄 서비스와, 일하는 부모를 위해 인터넷 설비가 잘 갖춰진 업무 공간을 제공했다. 주말에는 그곳에 가서 아이를 맡겨놓고 일했다.

가끔 친정 엄마가 전화로 걱정을 전하셨다. "아이가 어릴 때 치료에 최선을 다하는 게 중요하다고 하더라. 일도 좋지만, 네 삶에 중요한 게 뭔지 잘 생각하렴." 그러나 나는 내 일과 아이 사이에서 하나를 선택하거나 희생한 것이 아니었다. 이 아이를 잘 키우기 위해 필요한 학교, 치료 센터, 친절한 사람들과 좋은 서비스들이 주변에 잘 갖춰져 있었기 때문에 그 자원을 믿고 전적으로 맡겼을 뿐이다.

'아이를 키우는 데는 한 마을이 필요하다'라는 아프리카의 속

온 마을이 나에게 약속했다. "너는 그걸 만들어. 네 아이를
키우는 건 우리가 도와줄게." 나는 내가 제일 잘할 수 있는
방법으로 그 약속에 보답하겠다고 생각했다.

담이 있다고 한다. 온 마을이 나에게 약속했다. "너는 그걸 만들어. 네 아이를 키우는 건 우리가 도와줄게." 나는 내가 제일 잘할 수 있는 방법으로 그 약속에 보답하겠다고 생각했다. 장애가 있는 아이들이 더 잘 배울 수 있는 방법을 만들어보겠다고 말이다.

실리콘밸리에서
창업한다는 것

인지니 프로젝트가 끝나자 아무런 계획이 없었다. 나는 취미를 가져볼까 하고 수채화 도구와 재봉틀을 샀다. 아이는 CEID의 프리스쿨에 잘 다니고 있었고 건호도 5년간의 박사과정을 끝내서 졸업이 다가왔다. 그런 한가로운 날에 인지니의 옛 동료 애나가 전화를 했다. "수인, 트위터 좀 확인해봐." 실리콘밸리의 엔젤투자자 마누 쿠마르라는 사람이 몇 주 전에 '프로젝트 인지니를 만든 사람을 좀 연결해달라'는 트윗을 올렸다는 것이었다. 마케팅 담당자였던 애나는 습관적으로 옛 프로젝트 이름을 검색하다가 그 트윗을 보았다고 했다.

며칠 뒤 나는 팰로앨토로 마누를 만나러 갔다. 그는 18개월 된 자신의 딸이 인지니 프로그램을 매우 잘 사용했다면서 좋은 사용성에 감명을 받았다고 말했고, 인지니 프로젝트가 끝났다는 공고를 읽었다고 했다. 나는 인지니에 어떤 게임 디자인을 적용했는지를 더듬거리는 영어로 설명했다. 귀 기울여 듣던 그가 물었다. "그럼 이제 스타트업을 시작할 거지?"

나는 고개를 저었다. 장애를 가진 아이를 위한 제품을 혼자서 틈틈이 만들어볼 생각은 해봤지만, 회사를 세울 생각까지는 해보지 않았었다.

인도인 이민자로 컴퓨터공학을 배우기 위해 미국에 유학 온 마누는 학창시절에 창업해서 두 번이나 성공적으로 회사를 판 경력이 있었다. 그는 스탠퍼드대에서 박사과정을 밟던 중 동기들의 창업 고민을 상담해주면서 엔젤투자를 시작했고, 초기 기술기업 육성을 전문으로 하는 K9 벤처스를 차렸다. 그가 특히 잘하는 일은 훌륭한 기술이 있는 창업자, 특히 이민자 출신이라서 네트워크가 좋지 않은 창업자를 발굴하고 회사를 시작하는 것을 도와주는 일이었다. 그가 만든 펀드에는 라이트로, 트윌리오, 리프트, 카르타 등의 유명한 유니콘들이 여럿 포함되어 있었다. 그는 평판에 자신이 있었던 만큼 내가 '회사를 차릴 생각이 없다'고 하자 매우 당황해했다.

그는 '실리콘밸리에 살고 있고 좋은 물건을 만드는 기술이 있는데 스타트업을 하지 않겠다는 것은 말이 안 된다'며 나를 설득했다. 실리콘밸리는 기술을 보유한 사람이 스타트업을 만들겠다고 하면 그를 키워낼 수 있는 모든 시스템이 갖추어져 있고, 누군가 좋은 제품을 만들 수 있다면 실리콘밸리에서 가장 크게 성공할 수 있다는 것이 그의 설명이었다. 그리고 그는 자기같이 괜찮은 투자자가 회사를 세우기도 전에 투자하겠다고 먼저 말하는 이런 기회는 흔치 않다고 했다.

나는 그게 얼마나 귀한 기회인지 몰랐기 때문에 편한 마음으로 말했다. "내가 뭘 만든다면 장애가 있는 아이들을 위한 제품을 만들 거야. 누가 그런 애들 신경 쓰지 말고 그냥 일반적인 애들을 위한 제품을 만들라고 하면 꺼지라고 말하고 싶어. 그리고 인지니를 만들 때는 아이를 봐야 해서 아이가 학교에 가 있을 때나 밤에 일했어. 우리 시간에 맞춰 일할 수 있는 그런 회사를 만들 수 있다면야 모르지만, 외부 투자를 받아서 그게 가능하다는 생각이 안 드네."

마누는 그 생각이 마음에 든다며, 회사를 차리도록 도와주고 싶다고 대답해 나를 놀라게 했다. 그는 컴퓨터공학의 한 분야인 휴먼 컴퓨터 인터랙션 분야를 연구했고, 박사학위 논문은 시선을 추적하는 기술을 연구한 것이었다. 이 기술은 몸을 움직이지 못하는 장애인의 의사소통을 위해 고안되었지만 실제로는 광고 회사나 IT 회사에서 사용자가 스크린을 볼 때 어디에 시선을 두는지 확인하기 위한 용도로 널리 사용된다. 그래서 그는 장애인을 위해서 시작된 기술이 일반인에게 넓게 활용되는 수많은 예를 알고 있었고, 두 아이의 아버지로서 교육에 관심이 많았다. 그는 투자금은 준비되어 있으니 결심이 서면 다시 자기를 만나러 오라고 했다.

⁝

나는 회사를 차리겠다는 생각을 해본 적이 없었다. 아버지는 평생 벤처사업가셨다. 꾸준히 발명을 하고 다양한 부침을 겪고 새로운 영역을 개발하면서 사업을 꿋꿋하게 이어나가셨다. 아버지는 사업하는 것은 힘들지만 삶은 자유롭다고, 사업을 시작하면 다른 일을 하며 사는 법은 모르게 된다고 말씀하셨다. 아버지의 일과 삶을 존경했지만 고생이 많은 직업이라고 생각했고, 그 일이 어떤 것인지 깊이 고민해본 적이 없었다. 단지 장애가 있는 아이들을 위한 앱을 계속해서 만들고 싶었는데, 미국에서건 한국에서건 나를 고용해서 그 제품을 만들게 해줄 회사를 찾을 수 있을 것 같지는 않았다. 만들고 싶은 것이 있다고 직접 회사를 차린다는 게 말이 될까? 영어도 잘 못하고 미국에서 회사를 다녀본 적도 없는 내가 과연 사업을 할 수 있을까?

내 고민을 들은 미국의 친구들은 마누의 투자를 받는 것이 다시없을 기회라고 조언해주었다. 당시 미국은 트위터와 페이스북의 성공과 아이폰이 촉발한 스마트폰 앱 유행을 타고 스타트업 붐이 막 시작되고 있었다. '무언가를 만들고 싶다'고 생각하자 다시 제품 아이디어가 떠오르기 시작했다. 나는 마누에게 찾아가서 회사를 만들 결심이 섰다고 말했다.

회사를 만드는 일은 생각보다 훨씬 빠르게 진행되었다. 실리콘밸리의 교육 전문 투자자인 뉴스쿨즈 벤처 펀드가 K9 벤처스와 함께 초기 투자를 결정해주었다. 이렇게 좋은 투자자들에 더해 여러 번 창업했던 경험이 있는 친구 개럿이 도와주었지만, 내 준비가 부족한 상태에서 회사를 만들다 보니 실수투성이였다. 등록일 아침에 변호사 래리가 전화를 해서 '회사 등록이 안 된다'고 말했다. 회사 이름은 아이가 좋아하는 기차에서 따와서 '로코모티브'라고 지었는데, 이 이름을 이미 다른 회사가 쓰고 있는지 여부를 확인하지 않았던 것이다. 급한 마음에 '그냥 그 이름 뒤에 랩스(Labs)를 붙이자'고 대답해서, 회사의 첫 이름은 로코모티브 랩스(Locomotive Labs)라는 긴 이름이 되었다.

회사 정관이나 주식에 대해서 결정해야 할 때도 영어를 잘 못하고 법률도 모르니 제대로 의사결정을 할 수가 없었다. 중요한 조항에 대해서 무슨 소리인지 모르겠다고 대강 남들 하는 대로 해달라고 하니까 래리가 정색을 하고 설교했다. 그는 실리콘밸리에서 경력을 오래 쌓은 변호사였다. "수인, 우리는 스타트업을 하나 만들 때마다 그 회사가 나중에 크게 성공해서 다른 회사에 인수되거나 기업공개를 하게 될 거라고 생각하고 이 일을 하는 거야. 로코모티브 랩스도 그럴 거라 생각하면서 이 회사를 제대로 만들어주려는 거라고. 모든 것이 잘되었을 때 이런 조항이 정말로 중요해질 거야."

스타트업 창업자에게 가장 중요한 자질은 배우는 능력(learnability)이라고 한다. 창업에는 제품을 만드는 일 외에도 정말 많은 지식이 필요하기 때문에 회사가 성장하는 속도에 맞춰서 창업자가 이 모든 지식을 배우고 끊임없이 변화해야 한다. 그렇지만 돌아보면, 배우는 능력만큼 중요하지만 잘 언급되지 않는 것이 실리콘밸리 스타트업 커뮤니티의 '가르치는 능력'이다. 수많은 것을 배워야 하는 창업자들에게는 잘 가르치는 사람이 있어야 한다.

실리콘밸리에서는 많은 사람들이 자신의 역할에 맞춰 힘껏 창업자를 가르쳤다. 마누와는 매주 한 번씩 만났고, 뉴스쿨즈 벤처펀드의 투자자들도 나에게 아낌없이 시간을 내주었다. 실리콘밸리 유명 로펌의 파트너 변호사인 래리는 넉넉지 않은 우리 사정에 맞춰 변호사 비용을 청구하지도 않고 점심시간이나 퇴근 후에 이야기를 나눠주었다.

당시의 나는 형편없는 학생이었다. 내가 얼마나 귀한 기회를 얻었는지 잘 몰랐고, 내 입으로 '급히 창업해서 준비가 부족하다' 고 변명을 늘어놓을 정도로 각오도 부족했다. 약속시간에 늦게 도착하기 일쑤였고, 상대의 영어를 잘못 이해해서 헛소리를 늘어놓기도 했다. 그래도 훌륭한 교사들은 참을성 있게, 내가 앞으로 갈 수 있도록 밀어주었다.

그러나 아무리 열심히 배우려고 해도 잘되지 않는 것이 있었다. 실리콘밸리의 투자자들은 명문 공대 출신이거나 구글, 마이크로소프트 등 유명 회사 경력이 있는 엔지니어 창업자들을 선호했는데, 미국에서 대학을 다니지 않은 아시아인이고 엔지니어 경력이 없으며 기혼여성인 나는 일반적인 투자자들의 기준에 잘 맞지 않았다. 당시에 여성 창업자가 벤처투자를 받는 비율은 9퍼센트밖에 되지 않았고, 교육은 투자자들에게 매우 인기가 없는 분야였다. 최초의 투자를 쉽게 받았던지라 큰 문제로 여기지 않았지만 그 당시의 나에게는 새로운 투자자를 만나서 설득할 만한 영어 실력이 없었고 회사의 비전도 잘 정리되어 있지 않았다. 이렇게 기본이 부족한 것은 단기간에 배워서 채워지지 않았다.

열심히 설득한 끝에, 한국에서 게임 프로듀서인 전유택과 아트디렉터 조한상을 채용했고, 박사학위를 받은 건호도 오랜 고민 끝에 회사에 합류했다. 인지니 프로젝트의 멤버들도 파트타임으로 합류했다. 회사를 세우고 팀원들을 채용하자 돈이 계속 들어가기 시작했다. 초기에 투자 받은 돈이 몇 개월 만에 다 떨어져서, 월급을 주려면 추가로 투자를 받아야 했다. 제품디자인을 하는 게 아니라 투자자들을 소개 받아 회사를 설명하고 투자 유치를 하는 것이 내 주요 업무가 되었다.

이후에는 투자자를 만나고 거절당하는 나날이 이어졌다. 교육은 실리콘밸리의 투자자들에게 전통적으로 인기가 없는 분야였는데, 더군다나 장애가 있는 아이들을 위한 제품을 만들겠다니 투자하겠다는 사람을 만나기가 쉽지 않았다. 대부분의 투자자는 특수교육 시장이 너무 작은 것을 걱정했고, 어떤 투자자는 '장애가 있는 아이를 위한'이라는 말을 듣자마자 자기는 돈을 벌고 싶은 거지 자선을 하려는 게 아니라며 얼굴을 찌푸리기도 했다. 나는 우리 팀이 얼마나 실력 있는 사람들인지 설명하고 아주 훌륭한 제품을 만들면 장애가 있는 아이들뿐 아니라 일반 아이들도 잘 쓸 수 있을 거라고 설득하려고 했지만 믿어주는 사람은 거의 없었다.

그런 나에게 투자를 결정해주는 사람들은 대부분 내 사정에 공감한 부모 엔젤투자자들이었다. 우리 회사가 큰돈을 벌어주리라고 믿고 주는 것이 아니어서 투자금의 규모는 매우 작았다. 그래도 "너 같은 창업자가 성공하는 걸 보고 싶다"는 따뜻한 말이 위로가 되었고 작은 규모의 엔젤투자라도 계속 들어오자 근근이 월급을 줄 수 있었다. 훌륭한 팀이 모여 있으니 멋진 제품이 만들어지기 시작했다. "제 영어보다 제품이 훨씬 좋으니 데모부터 보여드리고 시작할게요"라고 소개하자 투자자들이 조금 더 긍정적으로 반응했다.

그러다가 한국과 미국을 오가며 임팩트 투자를 하던 D3 주빌리의 이덕준 파트너를 만났다. 그는 우리 같은 회사를 '사회적 기업(social enterprise)'이라는 새로운 카테고리로 설명했다. 이런 설명은 우리가 존재할 이유가 있고 이해받고 있다는 위안을 주었다. "사회를 위해서 달성하고자 하는 선한 목표가 있고, 이걸 영리사업의 결과를 통해 이루려는 거죠. 이런 회사를 지원하는 게 임팩트 투자예요. 어려운 아이들을 위해서 만든 제품이 모든 아이들에게 인기가 있을 수 있다? 나는 그럴 수 있다고 믿어요."

수학을 견딜 만하게 만들자,
토도수학

나는 어릴 때 수학 학습지 풀기를 매우 싫어했다. 매달 오는 학습지를 예쁜 바인더에 끼워 넣고는 하나도 풀지 않아서 엄마에게 자주 꾸지람을 들었다. 수학을 잘 못하고 너무 싫어했기 때문에, '공부의 괴로움을 줄이자'는 주제로 우리의 첫 학습 제품을 기획할 때 수학 문제 풀기를 떠올린 것은 아주 자연스러운 일이었다. 어차피 하루에 몇십 개씩 문제를 풀어야 한다면 조금이라도 재미있게 풀면 좋지 않겠어?

내가 재미있는 수학 연습 게임에 대한 구상을 신나게 이야기하자 건호는 황당하다는 얼굴로 "왜? 수학같이 간결하고 재미있는 과목에 그런 게 왜 필요한데?"라고 말했다. 과학고를 나와 국제 올림피아드에서 금메달을 따고 컴퓨터공학 박사가 된 건호는 초등학교 때 재미삼아 초시계를 틀어놓고 구몬 학습지의 문제를 풀었다고 했다. 나는 구몬 학습지 푸는 것을 재미있다고 생각하는 아이가 있을 것이라고는 상상하지 못했다.

구몬 학습지는 수학 학습지의 원조로 널리 알려져 있다. 1954년 일본의 교사 구몬 도루는 아들에게 좋은 계산 능력과 공부 습관을 길러주고 싶어서 매일 한 페이지씩 문제를 내주었다고 한다. 아들의 수학 실력이 소문이 나자 동네 학부모들이 그가 만든 문제지를 구하려고 찾아왔고, 이 방법은 곧 세계적으로 성공한 비즈니스가 되었다.

아이들은 각자 매우 다른 능력을 가지고 있고 다른 속도로 배운다. 학교는 평균 속도로 가르치는데, 이것이 어떤 아이에게는 너무 빠르고 어떤 아이에게는 너무 느리다. 또, 어떤 부분은 쉽고, 어떤 부분은 어렵다. 어려운 부분은 잠깐이라도 한눈을 팔면 배우지 못하고, 바로 따라잡지 못하면 이내 뒤떨어진다. 학생 수가 많은 과거의 교실에서는 교사가 다른 속도로 배우는 아이들을 챙겨줄 여유가 아예 없었다. 이럴 때 가정 학습지는 가정교사가 없는 중산층 가정에서 학생이 자신의 속도에 맞춰 공부할 수 있는 추가의 학습을 제공한다. 그러니 공부하려는 의지가 있고 적절한 지원을 받는 아이들에게는 가정에서 자기 수준에 맞춰 풀 수 있는 추가 학습지가 도움이 되었다.

그러나 종이 학습지는 한계도 있다. 아이가 답을 틀리는 경우에는 아무리 문제를 많이 풀더라도 학습이 되지 않는다. 어린 나이에 혼자서 문제를 풀고 답을 맞춰보며 꾸준히 공부할 수 있는 아이는 거의 없으니 옆에서 지켜보는 어른이 필요하다.

∴

나는 학창시절에 수학을 아주 싫어했는데, 언제부터인가 학교 수업을 못 따라갔고 설명을 들어도 이해가 되지 않았다. 가장 괴로운 것은 수학 과외 시간이었다. 고등학교 때 만난 과외 선생님은 명문대 물리학과 학생이었는데, 수학을 잘 못하는 아이를 가르치는 법을 전혀 몰랐다. "문제를 딱 보면 이 답이 0인 게 보이지 않니?"《수학의 정석》을 펴놓고 마주앉은 책상에서, 방금 오빠를 가르치고 나온 과외 선생님은 얼굴을 찡그렸다. "네 오빠는 이런 걸 딱 보면 답을 알던데." 나는 자존심이 엄청나게 상해서 문제를 열심히 노려보았지만, 그런다고 해서 모르던 답을 알게 되는 것은 아니었다.

과외 선생님이 그냥 수학을 잘하는 대학생이 아니라 수학을 가르칠 줄 아는 제대로 된 교사였더라면 내가 초등학교 과정 후반이나 중학교 과정 초반 어디에선가 중요한 개념들을 놓치고 지나갔다는 것을 알아챘을 것이다. 고등학교 수학을 이해하지 못하는 아이는 중학교에서, 그렇지 않으면 초등학교에서, 어디서부터 모르는 것이 시작되었는지를 확인한 후 거기서부터 배워서 하나씩 쌓아가면 된다. 그러나 한 반에 60명이나 되는 아이들이 뭘 하는지 확인할 기회도 없던 학교의 수학 선생님도, 과외 선생님도, 부모님도, 나도 대체 내가 뭘 모르는지 알지 못했다.

자기가 모르는 문제를 들여다보고 있는 상황은 고등학생인 나나 장애가 있는 어린아이나 다르지 않았다. 제품 개발을 앞두고 리서치를 위해 방문한 한국의 치료실에서 치료사가 초등학생을 앞에 두고 수 하나, 둘, 셋과 숫자 1, 2, 3을 가르치는 장면을 지켜본 적이 있다. 치료사는 숫자 3이 쓰인 카드를 보여주고, 아이에게 도장을 쥐어주면서 "이 숫자만큼 종이에 찍어봐"라고 말했다.

아이는 하나를 찍고 선생님 눈치를 보았다. 두 개째를 찍고 선생님을 흘끗 보았다. 선생님은 표정을 드러내지 않으려고 노력하고 있었다. 그리고 아이가 세 번째 도장을 찍었다. 선생님이 "그래! 그게 셋이지, 숫자 3은 셋이야. 잘했다"고 말하면서 다른 카드로 넘어갔다. 그렇게 30분간의 인지훈련이 끝났다. 치료사는 나에게 한국어의 특성상 글자와 소리가 다른 숫자 1, 2, 3과 수 하나, 둘, 셋을 연결시키는 것이 매우 어려운 일이라고 설명해주었다.

기초적인 수 개념이 아직 머리에 들어오지 않은 여덟 살 아이가 30분 동안 1, 2, 3과 하나, 둘, 셋의 개념을 배운다고 숫자를 알게 되는 것은 아니다. 이 아이는 이런 활동을 오랫동안 반복해야 할 것이다. 기초 수준의 학습, 그러니까 글자를 읽게 되고 수의 개념을 이해하게 되는 일은 설명을 듣고 외운다고 해서 되는 것이 아니다. 학습 자극을 받은 뇌가 스스로 개념을 이해하고 깨우쳐야 한다. 대부분의 아이는 학교에 들어갈 시기에 1학년 수준의 학습을 할 수 있을 만큼 두뇌가 충분히 발달된 상태다. 뒤집어 생각하면 아이의 뇌가 충분히 발달하지 않으면 학교에서 제대로 배우지 못한다는 말이기도 하다. 이때 어른들이 할 수 있는 일이라고는 아이에게 적절한 자극을 끊임없이 주고, 배움을 방해하는 문제가 있으면 해결해주면서 그 시기에 도달해야 하는 목표치에 최대한 가까이 갈 수 있도록 돕는 것이다.

토도수학은 초등학교 1, 2학년 수준의 수학을 배우는 제품인데, 수 개념이 아직 발달하지 않아서 또래 수준으로 끌어올리기 위해 추가로 학습이 필요한 아이를 위해서 만들었다. 아이가 배울 수 있을 만큼 충분히 자극을 주면서 학습하는 시간의 지루함을 줄여주려고 했다.

UC 버클리에서 교육공학을 연구하던 동료가 들려준 이야기는 우리가 학습이 어려운 아이들을 위한 제품을 만들 때 지침이 되어주었다. 그가 박사과정에서 진행하던 연구는 장애가 있는 아이들이 일반 아이들과는 다른 방식으로 수학을 배울 것이라는 가설에서 출발해서 그 아이들의 학습 경로를 알아내려는 것이었는데, 많은 실험에서 얻은 결론은 장애가 있는 아이건 그렇지 않은 아이건 수학을 배우는 데 필요한 학습의 경로는 같으며 단지 진행 속도가 다를 뿐이라는 것이었다.

수학 학습의 길을 느린 속도로 걸어가는 아이들은 주변 풍경이 천천히 변하는 만큼 더 쉽게 지루해질 것이다. 그러니 재미있는 볼거리가 더 많이 제공되고 이정표가 더 촘촘하게 박혀 있어야 했다. 하나의 개념을 익히기 위해서 계속 같은 구간을 반복해야 하면 더욱 괴로울 테니, 같은 개념을 가르치는 게임들을 다양하게 많이 만들어야 했다. 다양한 수학 교구를 연구했고, 디지털로 옮겼을 때 어떻게 만들면 재미있을지 계속해서 고민했다. 그리고 우리가 인지니에서 배운 교훈대로 누구나 할 수 있게, 최대한 쉽게, 실패하지 않게, 무조건 성공할 수 있게 다듬었다.

또 특별히 신경을 쓴 부분은 장애를 가진 아이를 위한 접근성 기능이었다. 인지니 시절부터 우리 제품을 정기적으로 테스트해온 아이들이 그 무렵 학교에 들어갈 나이가 되었다. 그중 누군가가 테스트하다가 잘 못하더라는 이야기를 들으면 어떤 부분인지 알아보고 최대한 수정했다. 운동 장애가 있는 아이의 요청으로 입력을 키패드로 하는 옵션도 넣었고, 왼손잡이 모드를 만들어서 입력판을 왼쪽으로 옮겨주는 기능도 넣었으며, '헬프' 버튼을 만들어서 누르면 작은 힌트를 보여주는 기능 등 만들기 까다로운 여러 보조기능을 생각해서 넣었다.

토도수학의 '토도(Todo)'라는 말은 스페인어로 '모두'라는 뜻이다. 동료인 애나가 제품명으로 이 단어를 제안했을 때, 우리는 모두 박수를 치면서 기뻐했다. 회사를 세운 지 2년째 되던 여름, 많은 게임과 아름다운 그래픽을 담아 출시한 토도수학은 애플 앱스토어 팀의 전폭적인 지원을 받았다. 출시되자마자 미국 교육/아동 카테고리에서 다운로드 1위를 기록하고 8주간 그 자리를 지켰다. 애플은 토도수학을 앱스토어의 대표적인 교육 앱으로 선전하고 전 세계의 애플 매장에 있는 전시용 아이폰과 아이패드에 몇 년간 토도수학 앱을 설치해 두었다. 애플 매장에 전시하는 목적의 내부 기기에만 80만 건 이상의 다운로드 기록이 있을 정도였다.

토도수학은 지금까지 앱스토어에서 1300만 건 이상 다운로드된 가장 성공적인 기초교육 앱으로 자리 잡았다. 8개 언어를 지

©Enuma

느린 속도로 걸어가는 아이들은 주변 풍경이 천천히
변하는 만큼 더 쉽게 지루해질 것이다. 누구나 할 수 있게,
최대한 쉽게, 실패하지 않게, 무조건 성공할 수 있게
만들었다.

원하는 글로벌 버전이 나온 후에는 한국, 일본, 중국 등 20개 이상의 나라에서 교육/아동 카테고리의 다운로드 1위를 기록했다. 학습이 어려운 아이를 위해서 만들어진 제품이 모든 아이들에게 두루 인기 있을 수 있음을 증명한 것이다.

학습이 어려운 아이란 누구

토도수학이 출시된 직후 애플 앱스토어 메인 화면에 노출되고 매일 몇만 건씩 다운로드되자 구름 위를 걷는 것 같았다. 투자자들이 이메일이나 소셜네트워크를 통해 먼저 연락해왔다. 아시아의 앱스토어에서 몇 주간 교육/아동 카테고리 1위를 하는 실적을 보고 한국의 소프트뱅크 벤처스와 중국 최대의 학원기업인 탈(TAL) 에듀케이션 그룹이 빠르게 50억 원을 투자해주었다. 오랫동안 허덕이던 회사의 재정 문제와 함께하는 동료들의 미래에 대한 부담이 순식간에 해결되었다.

물론 제품이 잘 만들어졌고 애플의 담당자가 제품을 긍정적으로 평가한 것도 있지만, 어떻게 해서 이렇게까지 크게 성공할 수 있었던 걸까? 그 대답은 내가 처음 생각했던 특수교육의 필요와는 매우 달라서 나를 당황하게 만들었다.

토도수학을 만들 때, 우리는 초등학교에 입학했지만 아직 인지발달이 느린 아이들이 공부할 수 있도록 하는 게 목표였기 때문에 두 살의 인지능력으로도 튜토리얼을 이해하고 조작이 가능한지를 테스트했다. 인지적으로 편안하고, 어른의 도움 없이 혼자서 학습할 수 있으며, 아직 손가락으로 글씨를 잘 쓸 수 없더라도 답을 입력할 수 있게 했다. 그러니 어린아이들이 수 세기나 덧셈 뺄셈을 쉽게 배울 수 있었다. 토도수학은 학교에 들어가기 전 기본 수학 개념과 연산을 연습시켜두려는 선행학습에 꼭 맞는 앱이었다! 수학 선행학습을 당연하게 생각하는 중국, 일본, 한국, 그리고 미국에 사는 아시아인 부모들이 이 앱을 좋아할 수밖에 없었다.

부모들이 높은 별점을 주면서 자신의 자녀가 어린 나이에 얼마나 수학을 잘하게 되었는지 경쟁하듯 리뷰를 쓰는 것을 보고, 나는 매우 마음이 복잡했고 화가 났다. '똑똑하고 어린 아이들이 토도수학을 써서 앞서나갈수록, 우리는 세상의 학습 격차를 늘리고 학습이 어려운 아이들의 인생을 더 어렵게 만들고 있는 게 아닐까?' 팀원들과 새로운 투자자들은 좋은 리뷰를 마케팅에 활용하고 더 공격적으로 부모들에게 제품을 팔아야 한다고 독려했지만, 그런 목소리는 내 귀에 들어오지 않았다.

12년이 지난 지금 '사업을 하면서 가장 잘못한 순간'을 꼽아보라면 이 시절을 부끄럽게 되돌아본다. 제품을 만들어놓고는 막상 제품을 구매한 고객을 탐탁지 않게 여기고 제대로 팔 생각도 하지 않았다. 제품 소개글 첫 줄에 '장애가 있는 아이들을 배려해서 만들었습니다'라는 문구를 굳이 넣어야 한다고, 아이를 똑똑하게 만들어준다는 오해를 일으키는 문구는 단 한 줄도 넣으면 안 된다고, 이 제품을 만든 사람들이 명문대학교 출신이라는 이력은 쓸 필요가 없다고, 아이패드로만 파는 제품을 아이폰으로도 쓸 수 있게 확장할 필요가 없다고 팀 사람들 앞에서 고집을 피웠다. 나는 우리 아이 정도의 장애가 있는 아이가 아니라면 이 제품을 쓸 이유가 없다고 생각했던 것 같다. '아니, 아이가 똑똑하면 학교에 가서 선생님에게 알아서 배우겠지, 굳이 이런 걸 미리 할 필요가 뭐가 있어?'

그렇지만 공부가 어렵고 수학이 괴로운 아이들이 꼭 장애가 있는 아이들인 것도 아니었다. 나는 아이가 입학한 초등학교 교실에서 토도수학을 사용하는 것을 돕다가 우리 아이가 그 반의 20명 아이들 중에 제일 공부를 못하는 아이가 아니라는 것을 알고 놀랐다. 그 지역은 대학 도시로 고학력 전문직 부모의 자녀들과 부근의 저소득층 지역에서 살고 있는 아이들이 섞여서 학교에 다녔는데, 글자를 하나도 배우지 않고 학교에 오는 아이들이 있었던 것이다.

선생님은 유독 기초가 부족한 아이들 몇 명을 따로 모아 숫자와 알파벳을 익히는 아주 쉬운 활동을 하게 했다. 그러자 그 아이들은 자기들만 재미없는 것을 한다고 얼굴을 찡그리면서 교사에게 불만을 가졌고, 자기들끼리 모여 본격적으로 반항하기 시작했다. 학교생활을 시작한 지 6개월밖에 되지 않은 아이들이 이미 선생님을 싫어하기로, 학교 공부를 하지 않기로 마음먹은 것이다. 토도수학은 그래도 이 아이들의 주의를 끌었지만, 아이들은 서로 계정을 바꿔서 플레이하고, 답을 일부러 틀리게 입력하고, 게임에 나오는 소리를 이상하게 따라 해서 가르치는 사람들을 난감하게 하며 키득댔다. '미국은 사회환경적 배경으로 인한 교육격차가 심하다'는 말을 많이 들었지만, 눈앞에서 직접 목격하고 실감하기는 그때가 처음이었다.

그 반에는 비영어권 국가에서 살다가 미국에 와서 1년간 체류하는 아이도 있었다. 그 아이는 영어를 한마디도 하지 못해서 누구와 놀지도 못하고, 선생님과 의사소통도 하지 않고, 수업 시간 내내 멍하니 앉아 있다가 집에 갔다. 대학의 단기 연구원으로 미국에 온 부모는 아이가 미국 학교에 다니며 영어를 배우기를 기대했겠지만, 기본적인 의사소통이 안 되다 보니 어떤 학습도 이루어지지 않는 것처럼 보였다.

이렇게까지 극단적인 경우는 아니더라도 집에서 모국어를 먼저 배운 이주민 가정의 아이들 중에는 선생님의 말을 잘 알아듣지 못해 학습을 어려워하는 경우가 꽤 많았다. 우리가 살던 동네 인근 지역의 학교에서 토도수학을 사용하게 된 교사가 우리를 초대해서 이런 고충을 토로한 적이 있다. 그 학교에는 집에서 스페인어만 쓰는 아이들이 많이 있는데, 영어를 한마디도 배우지 않고 학교에 오는 경우도 있어서 학교에서는 입학 직후부터 영어에 익숙해지기 위한 특별수업을 운영한다고 했다. 그러다 보니 수업을 진행하기가 너무 어려운데 토도수학은 시각 자극을 중심으로 한 수학 학습이다 보니 이 아이들도 할 수 있어서 고맙다고 했다.

나는 아이가 장애를 가지고 태어난 후에야 타고난 인지능력이 확연히 떨어지는 사람이 있다는 것을 알았고, 이런 아이들을 돕겠다는 생각을 하게 되었다. 그런데 인지능력에 이상이 없는데도 학습을 못하는 아이들을 보니, 내가 이 문제를 너무 단순하게 바라보았다는 생각이 들기 시작했다. 어떤 아이는 가난한 집에서 태어나 학교에 들어올 때까지 책 한 권 제대로 읽어보지 못했다. 어떤 아이는 학교에서 쓰는 말을 이해하지 못해서 학교생활에 어려움을 겪었다. 그러다가는 감정을 상하고 자존심을 다쳐서, 아무것도 배우지 않겠노라고 마음먹고 배움의 통로를 닫아 버렸다.

학교에 들어가서 학습을 못하는 아이들만 학습이 괴로운 것도 아니었다. 나는 어린 자녀에게 선행학습을 시키는 고객들을 이해하지 못했는데, 중국에서 보내온 사진을 본 후에야 부모들이 제품을 사는 이유에 고개를 끄덕이게 되었다. 그 사진에는 아직 의자에 제대로 앉지도 못하는 어린아이들이 칠판에 덧셈 뺄셈을 쓰고 강의하는 선생님 앞에 줄을 지어 앉아 있는 장면이 찍혀 있었다. 그 당시 중국에는 유치원 입학시험이 있었는데, 부유한 도시인 상하이는 교육에 관심이 있는 인구는 많고 좋은 학교의 수가 적어 입학 경쟁이 매우 치열했다. 그래서 세 살부터 수학학원을 등록한다고 했다. 그곳에서는 강사가 아이들에게 숫자 세기와 연산을 강의하는 동안에 부모들이 뒤에 앉아서 아이들이 뭘 배우는지를 대신 적고 집에 가서 숙제를 시킨다고 했다.

아직 세 살인데 학원에 앉아서 강사가 가르치는 덧셈 뺄셈을 배워야 하는 괴로움은, 2학년 교실에서 덧셈 뺄셈을 배우는데 머리에 영 들어오지 않는 아이의 괴로움보다 결코 덜하지 않을 것이다. 그 또래 아이의 뇌는 수학 개념을 받아들이기에 아직 이르고, 교사의 강의를 듣는 방식으로 학습을 할 준비도 되지 않았을

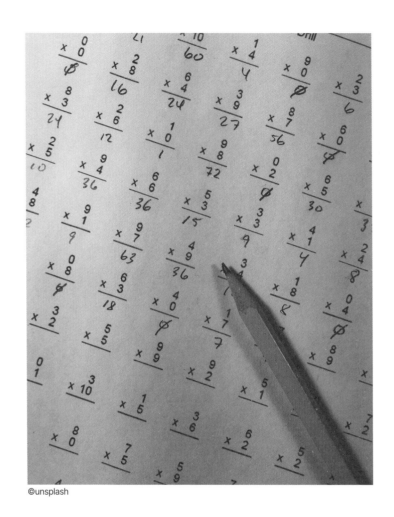

©unsplash

덧셈 뺄셈을 배워야 하는 세 살 아이의 괴로움은
2학년 아이의 괴로움보다 결코 덜하지 않을 것이다.

것이기 때문이다. 선행학습을 당하는 아이들의 괴로움이나, 사회적 압력 때문에 억지로 아이에게 공부를 시켜야 하는 부모의 입장에 생각이 미치자, 나는 '세 살 아이가 이 제품으로 덧셈 뺄셈을 할 수 있게 되었다'고 기뻐하는 부모들에게 조금씩 마음을 열기 시작했다.

∴

새로운 투자자들을 합쳐서 구성된 이사회는 로코모티브 랩스라는 이름이 너무 길고 부르기 어려우니 이름을 바꾸는 게 어떻겠냐고 제안했다. 우리는 고심 끝에 '하나하나 센다'라는 뜻의 단어 이누머레이트(enumerate)에서 따온 '에누마(Enuma)'라는 이름을 선택했다. 이누머레이트라는 단어에는 빠지지 않고 이름을 부른다는 뜻도 있다. 짧고, 여러 나라에서 표기하기가 쉽고, 장애가 있는 아이들도 빠뜨리지 않겠다는 우리의 생각에 잘 맞는 이름이었다.

처음 우리 회사의 웹사이트에는 회사의 목적(mission)을 이렇게 써두었다. "우리는 장애가 있는 아이들도 혼자서 사용할 수 있는 최고의 학습 도구를 만듭니다." 토도수학이 나오고, 학습이 어려운 데는 장애뿐 아니라 다른 이유가 많다는 것을 알게 된 후에는 그 부분을 이렇게 고쳤다. "우리는 학습이 어려운 아이들이 혼자서 사용할 수 있는 최고의 학습 도구를 만듭니다." 그리고 어린 나이에 선행을 하는 아이들도 고객으로 두게 된 후에는 다시 이렇게 고쳤다. "우리는 모든 아이들, 장애가 있는 아이들까지도 혼자서 사용할 수 있는 학습 도구를 만듭니다." 에누마는 목적을 가진 회사(a mission-driven company)라고 정의했으므로, 우리는 이런 문구를 고칠 때마다 심각하게 토론하고 신중하게 결정했다. 그러나 우리가 알고 있는 세상과 만나본 아이들은 아직도 너무 적었다.

2부

"이런 일 하려고
회사 하는 거잖아"

학교에 다니지만
배우지 못하는 아이들이 있다

실리콘밸리의 투자자들이 하는 질문 중에 '세상 사람들은 모르는데 너희만 알고 있는 비밀은 무엇인가?'가 있다. 우리가 알고 있는 비밀은 이것이다. "학교 수업의 난이도가 너무 높아서 수많은 아이들이 학습에 실패한다." 이 비밀이 에누마에게 중요한 이유는 무엇일까? 남들은 잘 모르는 이 문제를 해결하는 것이 우리의 목표이기 때문이다. "학습에 실패하는 아이들을 디지털 기술로 도와 교육의 가장 큰 문제를 해결할 수 있다."

나는 '장애가 있어서 공부를 하기가 어려운 아이'라는 작은 문제를 풀기 위해서 이 모든 일을 시작했다. 학교 수업은 표준적인 지적 역량을 지니고 표준적인 가정환경을 갖춘 아이에 맞춰서 설계되었다. 그러니 이보다 많이 뒤떨어지는 지적 역량이나 환경적 배경에 놓인 아이들은 학교 수업에 어려움을 겪는다. 좋은 교사들이 창의적인 수업 전략을 구사해가면서 다양한 아이들을 함께, 그러면서도 각자의 수준을 고려해서 맞춤형으로 가르치는 것이 가장 훌륭한 방법으로 여겨지지만, 아이들의 환경과 학습 수준의 차이는 크고 교사의 자원은 제한되어 있다. 그리고 어쨌든 배우는 능력이 부족한 아이들도 있다. 어떤 선진국에서든, 또 어떤 좋은 학교에서든 기초학력을 달성하지 못하는 아이들이 반드시 있다.

∴

기초학력, 혹은 최소한의 문해와 수리 능력이란 초등 2학년을 마칠 정도 수준의 읽기 능력과 셈하기 능력을 말한다. 세 문장 정도를 읽고 주어진 질문에 답하거나 두 자릿수 덧셈 뺄셈과 간단한 곱셈을 할 수 있으면 된다. 이걸 할 수 없으면 3학년 이후에 가르치는 수업 내용, 즉 글을 통해 사회, 역사, 과학을 배우거나, 숫자를 활용해서 실생활의 문제를 풀어가는 방법을 배울 수 없다. 그렇게 진도가 벌어지면 언제부터인가는 학교에 앉아 있어도 학력이 전혀 늘지 않는다. 이렇게 '학교에 다니지만 기초 학력도 제대로 익히지 못하는 아이들'의 숫자는 한국에서는 5~10퍼센트 정도라고 하고, 미국에서는 20퍼센트 정도인데, 개발도상국에서는 그 숫자가 상상하기 어려울 정도로 커진다.

그동안 국제기구와 많은 나라의 정책가들은 아이들이 성별과 집안 사정에 관계없이 모두 학교에 다닐 수 있게 하기 위해 노력해왔다. 그러나 이런 노력을 통해 학교에 다니게 된 개발도상국 아이들이 학교에서 제대로 배우지 못하고 있다는 것이 보고되었다. 2014년 유네스코가 발표한 〈가르침과 배움: 모두를 위한 양질의 교육〉이라는 보고서에 따르면, 전 세계 아이들이 대부분 초등교육을 받게 되었음에도 여전히 5700만 명의 아이들이 학교에 다니지 못하고 있고, 2억 5000만 명의 아이들이 문맹이라는 것이다. 2017년의 후속 리포트는 개발도상국 아이들의 59퍼센트가 학교를 졸업할 때까지 최소한의 기초 문해와 수학 실력을 갖추지 못했다고 보고했다. 학교에 평균 7년씩 다니는데도 책을 읽고 기본적인 연산을 푸는 능력을 배우지 못한다는 것이다. 2023년 세계은행은 코로나19 팬데믹으로 학교가 닫힌 이후 기초학력을 달성하지 못하는 아이들의 숫자는 70퍼센트까지 늘어날 것으로 예측했다.

학교에 다니는 아이들의 대다수가 기초학력, 즉 2학년 정도 수준의 읽기와 셈하기를 익히지 못하는 데에는 여러 가지 이유가 있다. 먼저, 아이들을 잘 가르칠 상황이 안 되는 학교들이 있다.

저개발국의 가난한 지역에 있는 학교 중에는 아직 교사가 제대로 배치되지 않은 곳도 있고, 교과서가 없는 경우도 있다. 한 반에 100명이 넘는 아이들이 조명이 없는 어두운 교실에서 칠판에 쓰인 글자를 배우는 학교들도 있다. 브루킹스 연구소는 이를 '한시대 안 100년의 격차'라고 표현했다.

그다음 이유로는 학교에서 배울 준비가 되지 않은 아이들이 있다. 전 세계 초등학교 교육과정은 거의 비슷하다. 이 말은 집에 책이 꽉꽉 채워져 있고 학교에 가기 전에 국영수를 다 가르치는 가정의 아이든, 조상 대대로 교육을 받지 않은 마을에서 태어나 책을 한 번도 보지 않고 자란 아이든 학교에 들어가서 배워야 하는 수준이 같다는 뜻이기도 하다. 어차피 기초부터 시작하는 것이니 괜찮지 않나 싶어도, 글자 몇 번 따라 말하고 읽어본 후에 단어와 문장으로 후루룩 넘어가는 1학년 진도에 맞추려면 학교에 다니기 전에 뇌가 문자에 노출될 기회가 충분히 있어야 한다. 그렇지 않은 아이들이 학교에서 몇 개월 만에 글을 읽을 준비가 되는 것은 꽤 어려운 일이다.

그리고 인지능력이나 시력, 청력, 의사소통 능력 등이 부족해서 학습이 어려운 아이들이 있다. 선진국에도 이런 아이들이 있지만, 의료시설이나 영양이 부족하고 청결하지 않은 환경의 아이들은 질병에 더 쉽게 노출되고 장애를 가질 확률이 높다.

이런 이유가 아니더라도 평범하고 꾸준하게 학교에 다닐 수 있는 상황이 아닐 수도 있다. 집에서 쓰는 언어가 표준어와 다르거나, 몸이 아파서 학교에 몇 주 못 갈 사정이 생겼거나, 통학길이 험해서 또는 날씨가 나빠서 결석을 자주 했거나, 다른 지역으로 이주했거나 등의 사정이 있으면 수업을 따라갈 수가 없다. 이런 여러 이유들로 인해, 수많은 아이들이 기초 수준의 학력조차 달성하지 못하고 학교를 졸업하는 것이다.

하지만 많은 나라들과 국제기구는 이를 개선하려고 계속해서 노력하고 있다. 유엔의 지속가능개발목표(SDG)는 모든 사람이 추구해야 할 공동의 목표로 빈곤 퇴치, 기아 해결, 깨끗한 물과 위생 등과 함께 '모든 사람들에게 양질의 교육'이라는 목표를 제시한다. 사람들의 평생교육을 위한 기초를 마련하려는 것이다. 기초적인 글을 읽고 이해하고, 셈을 할 수 있는 것이 그 기본이다. 사람들은 이를 바탕으로 변화하는 세상에서 새로운 정보를 구하고, 더 나은 의사결정을 하며, 삶을 위한 옳은 선택을 할 수 있다.

그동안 지역과 개인 간의 교육격차를 개선하기 위해 라디오, TV, 인터넷, 모바일에 이르기까지 온갖 기술들이 학교에서 실험되었다. 이런 기술도입 속도는 개발도상국에서 오히려 더 빠른 경우가 많았다. 어떤 성급한 사람들은 벽돌과 종이로 만들어진

전통적인 교육 모델을 버리고 새로운 기술로 완전히 새로운 학교를 만들자고 주장하기도 했다. 그러나 개발도상국에서 디지털기기를 교육에 도입하기 위해 들인 노력들은 대부분 실패로 끝났다. 한 곳에서는 성공한 듯이 보이더라도 다른 곳에서 두루 성과가 나는 모델이 별로 없었고, 공부를 못하는 아이들이 많은 곳에 대규모로 도입했을 때 성공한 경우는 거의 없었다.

∴

공교육에 디지털 시스템을 도입하려던 기존의 노력들이 실패한 이유를 분석하는 것은 그리 어려운 일이 아니다. 대부분의 경우 기술의 이익과 한계를 올바르게 이해하기보다는 눈에 보이는 부분만 갖추는 데 급급했다. 디지털기기가 학습에서 어떻게 사용될지, 교사는 어떻게 쓰고 아이들은 어떻게 쓰게 될지를 제대로 생각하지 않고 무작정 기기부터 구매한 것이다. 충전과 기기 관리 등 복잡한 인프라가 더해지는 디지털기기는 책과 종이에 비해서 더 쓰기가 복잡하다. 그래서 쓰기 편리한 소프트웨어가 마련되어야 하고, 기존 방식보다 확실하게 좋은 점이 존재해야 하는데, 많은 정책들이 여기까지 생각이 닿지 못했다.

여기에 교육용 소프트웨어를 제작하는 사람들이 대부분 선진국에서 공부를 잘했던 사람들이라, 학습이 어려운 아이들의 상황이나 환경을 제대로 이해하지 못했다는 이유도 있다. 기초학력도 제대로 갖춰지지 않은 아이들에게 주는 소프트웨어가 선진국 성인 기준의 UI/UX인 경우가 흔했다. 디지털기기를 써본 적 없는 교사들에게도 이해가 어려운 정도니까, 어려운 글자를 모르고 디지털 리터러시가 없는 아이들은 손을 댈 수도 없었다. 학습이 어려운 아이를 가르치려면 기존에 학교에서 가르치던 교과 과정보다 더 쉬운 콘텐츠를 제공하고, 이런 아이들도 할 수 있는 UI/UX를 만들어야 한다. 무엇보다 디지털의 장점을 발휘하려면 과거의 교실처럼 모든 아이에게 같은 내용을 가르치는 것이 아니라 자기 속도에 맞춰 맞춤형으로 학습할 수 있게 해야 한다.

기존의 교실은 같은 나이의 아이들을 모아놓고 같은 속도로 같은 것을 가르친다. 모든 일곱 살 아이들이 1학년 과정을 배우고, 여덟 살이 되면 1학년 때 얼마나 잘 배웠거나 적게 배웠는지 상관없이 모두 2학년 과정으로 진급시킨다. 하지만 아이마다 지적 역량이나 흥미가 다르고, 뇌의 기능이 다르고, 삶의 상황이 달라서 교사가 이끄는 이런 일괄적인 속도에 맞추기가 쉽지 않다. 또 교사도 몇십 명의 아이들이 있는 교실에서 개별적인 도움을 주는 데에 한계가 있다. 각 학생이 개별적으로 기기를 마주하게 되는 방식의 디지털 교육이 가장 잘할 수 있는 부분이 이 맞춤형 교육을 돕는 것인데, 개발도상국이 도입했던 기존 기술들은 기껏해야 일괄적인 속도로 학습하는 교사를 디지털 미디어로 지원할 뿐, 맞춤형 학습이 이루어지게 해주는 경우가 거의 없었다.

현재의 학교에서 맞춤형 학습이 제공되는 영역은 장애가 있는 아이들을 대상으로 하는 특수교육이다. 평균의 속도와 기능과 차이가 큰 장애 아동에게는 아이의 능력에 맞춰 작성된 개별화 학습목표(Individualized Education Plan: IEP)에 맞춰 학습을 제공할 것을 원칙으로 한다. 개별화 학습목표가 있는 아이들은 또래의 속도와는 상관없이 자신의 수준에 맞춰 공부하고 각자의 성취를 인정받는다.

이런 개별화 학습을 위해서는 아이들의 지적 능력, 발달 상태, 시청각 기능들에 대한 종합적인 진단이 필수적이다. 이런 진단을 바탕으로 글자가 단번에 배워지지 않으면 천천히 오랫동안 글자를 가르쳐주고, 글자를 눈으로 잘 읽지 못하면 음성으로 들려주고, 집에서 쓰는 언어와 학교에서 쓰는 언어가 다르면 집에서 쓰는 말로 번역해주고, 색이 잘 보이지 않거나 소리가 들리지 않아서 답을 못 맞히는 일이 없도록 하고, 답을 모르는 문제를 만나지 않도록 도와준다. 인간이 몇 살 때 무엇을 할 줄 아는지에 대해 평균치를 막연하게 들이대는 것이 아니라, 아이 한 명 한 명을 평가하고 이에 맞춰 계획을 짜주는 것이다.

이런 식의 맞춤형 교육을 제공하는 비용은 매우 비싸기 때문에 장애가 있는 아이들에게만 제한적으로 지원되어 왔다. 하지만 표준화된 교과과정의 속도에 맞지 않는 아이들은 이런 맞춤형 학습을 통해 자신의 가능성을 최대한 발휘할 수 있다. 만약 디지털 도구가 현재의 학교에서 실패하는 아이들을 도울 수 있고 맞춤형 학습의 가격을 낮출 수 있다면, 현재 교육이 맞닥뜨린 많은 어려움을 개선할 수 있을 것이다.

우리는 장애가 있는 아이들로부터 시작해서 조금씩 우리가 가르치고 싶은 아이들을 넓혀나갔다. 아이가 학습하기 어려운 문제를 갖고 있어서 공부를 하지 못했든, 가정환경 때문에 학교에서 배울 준비를 전혀 하지 못했든, 혹은 학교를 제대로 다니지 못하고 교과서가 갖추어지지 않은 환경이어서 공부를 하지 못했든 간에, 그런 아이들을 모두 가르칠 수 있도록 돕는 디지털 도구를 만들겠다고 호기롭게 말했다. 그렇지만 '학습이 어려운 아이들'은 작은 문제가 아니었다. 세상의 모든 학교에 이런 아이들이 있고, 전 세계 학생의 대다수가 여기에 해당된다. 우리는 왜 이 문제를 풀려고 하는 사람이 별로 없는지가 항상 궁금했다.

글로벌 러닝 엑스프라이즈 대회

2014년 엑스프라이즈재단과 유네스코, 테슬라의 일론 머스크 회장이 1500만 달러(현재 가치로는 한화 약 200억 원)라는 상금을 걸고 학교에 다니지 않는 문맹의 아이들에게 읽기, 쓰기, 셈하기를 가르칠 수 있는 태블릿 솔루션을 찾는 글로벌 러닝 엑스프라이즈 대회를 개최한다고 발표했다. 총 5년에 걸친 이 대회의 마지막에는 전기도 학교도 없는 탄자니아 시골 마을에 태블릿을 나눠주고 아이들이 15개월간 쓰게 한 후에, 가장 높은 학습 성과를 증명하는 팀에게 상금을 주겠다는 대담한 계획이었다.

엑스프라이즈 대회는 인류를 위해 개발되어야 하는 혁신기술을 만들어내기 위해 높은 상금을 걸고 여는 대회로, 1995년 미국의 미래학자들이 유인 우주선을 만드는 데 성공하는 민간 프로젝트에 1000만 달러의 상금을 건 데에서 시작되었다. 당시 유인 우주선은 미국과 러시아의 항공우주국 같은 곳에서나 진행되던 프로젝트이다 보니, 정부가 엄격하게 선발한 우주인이 아니면 우주여행을 할 수 없었다. 그런데 창업자나 과학자 등 우주인으로 선발될 수는 없지만 꼭 우주여행을 해보고 싶은 사람들이 모여 대담한 생각을 나눴다. 민간에서 우주선을 만드는 것이 법으로 금지된 것도 아니니, 큰 상금을 걸고 창업자들을 자극하면 유인 우주선을 만들게 할 수 있지 않을까? 18세기 영국 정부가 경도계를 만드는 데 큰 상을 건 '경도 대회'나 부유한 사업가가 대서양을 횡단하는 첫 비행에 상을 건 '오티그 대회'처럼, 풀리지 않는 문제에 큰 상금을 걸어서 혁신을 이뤄낸 사례가 역사적으로 여러 번 있었다.

최초로 엑스프라이즈 대회의 상금이 걸린 지 10년 만에, 마이크로소프트의 공동 설립자인 폴 앨런이 투자한 모하비 항공 우주 벤처스가 유인 우주선을 만들어 안전히 비행시키며 우승했다. 이 대회가 촉발시킨 분위기로부터 일론 머스크의 스페이스 X, 제프 베조스의 블루 오리진, 리처드 브랜슨의 버진 갤럭티카 등 현재 민간 항공우주산업을 이끄는 대표적인 기업들이 만들어졌다. 그 후로 엑스프라이즈 재단은 몇 년에 한 번씩 인류의 발전을 위해 꼭 풀어야 하는 시급한 과제에 높은 상금을 건 새로운 대회를 계속 발표하고 관리한다. 민간이 만든 달탐사선에 3000만 달러의 상금이 걸렸던 구글 루나 엑스프라이즈 대회(2018년)처럼 실패한 경우도 있고, 배출된 탄소를 가치 있는 제품으로 전환하기 위해 2000만 달러의 상금을 건 NRG COSIA 카본 엑스프라이즈 대회(2021년)처럼 성공한 경우도 있다.

글로벌 러닝 엑스프라이즈 대회는 엑스프라이즈 최초의 소프트웨어 개발 경진대회였고, 역대 가장 높은 상금이 책정되었다. 모든 국가에서 초등교육을 실시하지만 여전히 2억 5000만 명의 아이들이 문맹인 문제를 해결하는 것의 중요성을 높이 산 것이다. 대회의 실행을 맡은 유네스코는 저소득 국가의 모든 학생이 기본적인 읽기 능력을 갖추면 1억 7100만 명이 빈곤에서 벗어날 수 있으며, 이는 세계 빈곤을 12퍼센트 감소시키는 효과가 있다고 계산했다.

나는 미국 에듀테크 업계의 메일링 리스트에서 처음 이 뉴스를 접했다. 처음에 이 뉴스를 보고 멋지다고는 생각했지만 너무 꿈같은 이야기라서 진지하게 생각하기 어려웠다. 토도수학을 만들고 투자를 유치하는 일로 바빴고, 아프리카의 문맹 문제는 내게 너무 먼 이야기였다.

그러던 중 새로 합류한 정유진 COO에게 이 이야기를 툭 꺼냈는데, 그가 매우 깊은 관심을 보였다. 유진은 네 개의 대륙, 아홉 곳의 학교에서 학창시절을 보낸 사람으로 세계에 대한 열린 감각을 갖고 있었고, 개발도상국의 문제를 풀기 위한 국제적인 노력에 대해서도 잘 알았다. 우리는 참가신청서를 함께 쓰고 참가비 500달러를 송금했다. 어차피 앞으로 몇 년이나 남은 일이었으니까 천천히 고민해도 된다고 생각하는 정도였다.

그런데 뒤이어 발표된 세부 규칙을 보자, 이 일이 얼마나 진지하게 설계되었고 또한 달성하기 어려운 일인지 깨닫게 되었다. 스와힐리어와 영어, 두 개의 언어로 탄자니아 시골의 문맹 아이들을 위한 문해와 수학 프로그램을 만들어야 한다. 인터넷이 연결되지 않은 곳에서 사용될 거라서 2년간의 커리큘럼 콘텐츠가 한꺼번에 제출되어야 했다. 무엇보다, 모든 코드와 콘텐츠가 어떤 사용 제한도 없는 오픈소스로 공개되어야 한다는 규칙이 있었다. 이 마지막 규정은 영리회사들이 도저히 받아들이기 어려운 조건이었다.

그런데 이 제품을 쓸 대상자의 90퍼센트가 문맹이라는 점과 세부 규칙이 터무니없이 어렵다는 점이 오히려 도전 의지를 불러일으켰다. 엑스프라이즈 대회의 담당자들은 '본래 엑스프라이즈 대회는 실패할 확률이 80퍼센트일 정도의 난이도로 디자인 된다'면서, 모든 결선 진출 제품이 효과가 없다는 결과로 끝날 것도 각오한다고 했다. 우리는 학습이 어려운 아이들에게도 효과가 있는 수학 학습 프로그램을 만든 경험이 이미 있었으니 엑스프라이즈 대회의 담당자들보다 좀 더 자신이 있었다. 수학 과목이 있으니 절반은 만들어진 셈이고, 영어와 스와힐리어 두 개를 제출해야 하는 문해 부분도 같은 로마자 알파벳을 쓰는 언어니까 어떻게든 만들 수 있을 것 같았다.

이런 복잡한 규칙과 난이도에 대해서 동료들은 일단 재미있다고 생각했지만, 투자자들과 외부의 조언자들에게 엑스프라이즈 대회 이야기를 꺼내자 모두들 말도 안 된다는 반응이었다. 에누마가 지금 돈을 벌어야지 그런 걸 신경 쓸 때일까? 5년의 노력 끝에 얻는 1500만 달러가 적절한 규모의 이익일까? 테슬라가 1년 안에 망한다는 소문이 파다한데 일론 머스크가 5년 후에 그 돈이 있기는 할까? 개발도상국에 태블릿 교육을 할 만한 예산이 있을까? 무엇보다, 설사 우승한다 한들, 에누마의 노하우와 지적재산을 모두 오픈소스로 공개하는 규칙을 고려할 가치가 있을까?

그런 벽에 부딪힐수록 이 문제는 반드시 해결되어야 하고, 학습이 어려운 아이들의 문제를 계속해서 고민해 온 우리가 문제를 풀 수 있을 거라는 확신이 들었다. 하지만 회사 운영도 어려운 상황에서 5년 동안 우리가 살아남아서 이 끝을 볼 수 있을지 도무지 확신이 없었다.

내가 매일 고민하고 있으니 동료인 전유택이 말했다. "어차피 할 거면서 뭘 망설이는데? 이런 거 하려고 회사 하는 거잖아." 나는 "그러다가 회사가 망하면?" 하고 되물었다. 대학의 게임 연구 동아리 시절부터 함께했고 에누마가 만들어진 후 제일 먼저 합류한 오랜 친구는 그냥 피식 웃을 뿐이었다. "너 어차피 말려도 할 거잖아."

"…그렇긴 하지. 우리가 안 하면 이 대회가 통째로 실패할 텐데."

⁝

글로벌 러닝 엑스프라이즈 대회에 참가 신청을 한 팀이 모두 700개가 넘는다고 했지만, 대부분 중도에 포기했다. 제작해야 하는 콘텐츠의 규모가 크다 보니 작은 규모의 대학 팀이나 비영리 팀들이 쉽게 덤빌 수 있는 프로젝트가 아니었다. 제대로 된 규모의 교육 회사들은 제품을 완전히 오픈소스로 공개해야 한다는 규칙 때문에 물러섰다. 경쟁 회사들의 구도가 조금 더 상세하게 드러나고 대회의 배경이나 의도에 대해 자세하게 파악할수록 우리가 잘할 수 있다는 확신이 생겼다.

'오픈소스 문제는 나중에 고민해도 되니까 이 프로젝트를 진행할 수 있게 해달라'고 부탁하자 이사회 멤버들은 외부에서 지원금을 얻어온다면 진행해도 좋다고 마지못해 허락해주었다. 지원금을 어디서 끌어올 수 있을지 고민하던 중에 한국의 국제협력단(KOICA)에서 '혁신적 기술 프로그램(Creative Technology Solution: CTS)'이 시작되었다는 정보를 접했다.

CTS 프로그램은 한국의 스타트업이 개발한 제품을 개발도상국에 맞게 개량하고 실험해서 시장을 개척하는 것을 지원하는 프로그램으로, 현지에서 실증을 해가면서 제품을 만들어야 하는 우리 사정에 꼭 맞았다. 우리는 탄자니아에서 다양한 교육사업을 진행하던 굿네이버스 탄자니아에 이 프로젝트의 취지를 설명하고 파트너십 허락을 받았다. KOICA CTS 프로그램 1차 심사를 통과해서 지원 받은 돈으로 스와힐리어 전문가들을 고용했고, 갓 만들어진 프로토타입 프로그램을 굿네이버스가 운영하는 학교에서 테스트할 수 있었다. 아직 초기의 프로토타입이었지만 TV나 미디어도 없고 학습자료도 부족한 곳이다 보니 아이들과 교사들의 반응이 매우 좋았다.

6개월간의 1차 프로젝트를 잘 끝내니, 다시 CTS 2차 프로젝트 지원금도 받을 수 있었다. 하지만 만들어야 할 콘텐츠는 너무 많았고, 테스트는 해도 해도 부족했다. 이사회에는 외부 펀딩을 받아서 진행할 테니 걱정 말라고 큰소리를 쳤지만 KOICA에서 받은 지원금만으로 이 커다란 소프트웨어를 만드는 것은 말도 되지 않는 일이었다. 사실 회사 통장에 있는 돈을 다 긁어 쓰고, 돈을 벌고 있는 제품인 토도수학마저도 내팽개치고 모든 팀원들이 이 프로젝트에 매달려야 했다. 예선 심사를 위한 제품 제출일은 참가 신청으로부터 2년 후였다.

탄자니아 아이들을 위한
태블릿 수업, 킷킷스쿨

"여러분의 제품을 사용할 아이들 중 95퍼센트는 단 한 단어도 읽지 못합니다. 아마 15개월 후에도 그럴 거라고 생각합니다."

경쟁자들을 한곳에 불러놓은 자리에서 엑스프라이즈 대회의 디렉터는 대뜸 이렇게 경고했다. 대회에 참가하는 팀들은 전기와 인터넷, 학교가 없는 지역의 7~10세 탄자니아 아이들을 대상으로 하는 문해와 수리 프로그램을 만들어야 한다. 아이들 대부분은 글자를 읽을 줄 모른다. 15개월 동안 이 아이들이 자발적으로 제품을 쓸 수 있게 하고 그 결과로 초등학교 1~2학년 수준의 문제를 풀 수 있게 만드는 것이 평가 기준이다.

이 아이들은 태블릿을 사용하기 전과 사용한 후에 미국의 국제개발처(USAID)가 만들어 배포하는 개발도상국 아동 대상의 기초학력시험인 EGRA(문해)와 EGMA(수리) 시험을 치르게 된다. 이 점수가 가장 높은 팀이 우승하는 것이 대회 규칙이었다. 글로벌 러닝 엑스프라이즈 대회를 운영하는 팀은 2005년부터 2014년까지 진행되고 실패한 OLPC(One Laptop per Child) 프로젝트의 관계자들이었다. MIT에서 시작된 이 프로젝트는 개발도상국의 학습 문제를 가격이 싼 태블릿을 만들어 해결해보려던 대규모 프로젝트로, 전 세계에 1000만 대가 넘는 태블릿 기기를 배포하였으나 학습 성과를 증명하지 못하고 실패했다. 그러니 그들이 실패할 확률이 80퍼센트인 대회라고 말하는 것은 경험에서 나온 이야기였다.

학교를 다니더라도 기초학력 달성 수준이 30퍼센트를 넘지 못하는 사하라사막 남쪽의 아프리카 지역 상황을 고려할 때, 일단 아이들이 학습할 수 있게 하는 것, 그리고 기초학력 수준의 학습을 최대한 많이 하게 만드는 것이 중요했다. 2학년 문제를 풀수 있게 될지는 다음에 고민할 문제였다. 태국인 팀원이 제안한대로, 이 제품의 이름은 태국어의 '생각하다(kit)'라는 말을 두 번 반복해서 '깊이 생각하다(Kitkit)'라는 뜻의 '킷킷스쿨'이라고 붙였다.

제품을 만들기 위해 다양한 사람들을 인터뷰하고 문헌을 연구하는 과정에서 깨달은 것이 있다. 학습에서 인지능력만큼이나 중요한 것이 문화 적합도라는 점이었다. 탄자니아에서 진행된 문해 연구 중 하나는 "탄자니아 아이들 중 50퍼센트가 사자 사진을 보고 사자라는 것을 맞히지 못한다"라는 내용을 담고 있었다. 생각해보면 당연한 일이다. 사진이 없고, TV도 없으며, 주변에 사자가 살지 않으면, '사자'라는 것이 어떻게 생겼는지 알 도리가 없다. 누렇고 털이 북실북실한 큰 동물의 사진 아래에 '기린', '사자', '개'라고 쓰인 3지선다 문제를 맞히지 못하는 것은 꼭 글자를 몰라서 그런 것이 아닐 수 있다.

이런 문제는 도시가 아니라 시골에서 더욱 두드러진다. 광고판이나 포장지 등 산업사회의 산물을 통해 글자를 자주 접할 기회가 있는 도심의 쓰레기장 근처에 사는 아이들이 인쇄물이나 기호를 접할 기회가 철저히 부족한 시골의 아이들보다 훨씬 빠르게 글자를 배운다고 한다. 문해 전문가는 문장을 읽게 하기 전에 그 문장에 나오는 상황과 단어를 온전히 알고 있는지를 확인해야 한다고, 많은 경우 학습이 어려운 아이들의 읽기 학습에서는 아이들이 자신의 생활에서 겪어보지 않은 상황을 이해하지 못하는 것이 가장 큰 걸림돌이라고 조언해주었다. A는 'Apple(사과)의 A'라고 쓰인 해외의 교재들은 동아프리카 대부분의 지역에서 도움이 되지 않는다. 이 지역에는 사과가 나지 않아서 사과라는 단어를 입에 담을 일이 없기 때문이다.

제품 개발을 위해서 개발협력과 탄자니아의 전문적인 지식을 갖춘 여러 사람들을 소개 받아 만났다. 개발협력 전문가, 아프리카 환경을 잘 아는 교육자들, 동아프리카를 무대로 일하고 있는 비영리기구와 교육재단 운영자, OLPC의 소프트웨어를 디자인한 사람들이었다. 탄자니아에서 KOICA 단원으로 몇 년간 아이들을 가르친 경험이 있는 팀원이 합류하자 드디어 팀 내부에서 스와힐리어를 해독하고 탄자니아 현지 테스트를 진행할 수 있는 역량이 생겼다. 굿네이버스 탄자니아에서는 초기 버전을 테스트한 후 자세한 관찰 기록을 보내주었다. 국제기구에서 일하던 사람이나 전직 탄자니아 교사도 팀에 합류했다.

킷킷스쿨을 개발하는 동안 많은 개발진들이 탄자니아에 다녀왔지만, 나는 당시 개인 사정으로 출장을 갈 수 없었다. 내가 할 수 있는 일이라고는 여러 곳에서 수집된 정보를 바탕으로 열심히 상상하는 것이었다. 다양한 자연환경에서 살고 있는 인간이 공통으로 알고 있고 이해 가능한 사물이 무엇일까? 라디오와 TV가 없던 환경에서 태블릿을 만난 아이들은 이 경험을 어떻게 받아들일까? 인간은 무엇을 자연스럽게 알고, 무엇을 배워서 하는 것일까?

나는 우리가 만났던 모든 아이들과, 학교에서 공부를 안 하기로 결심했던 네 명의 여자아이들을 떠올렸고, 여전히 덧셈과 뺄셈의 기호를 잘 구분하지 못하는 우리 아이를 생각했다. 아이들이 학교의 교과과정을 따라가기 위해서 0세에서 7세까지 배우고 알아야 할 것은 너무나 많았고 탄자니아 시골 마을에서는 그중 대부분을 찾을 수 없을 것이었다. 온전히 동그란 사물, 온전히 네모난 사물, 같은 모양의 큰 것과 작은 것, 누르면 반응하는 장난감, 숫자 1, 2, 3이 그려진 포스터, 왼쪽에서 오른쪽으로 눈을 움직여 정보를 파악하는 습관, 책을 읽는 부모, 동물을 귀엽게 그린 일러스트레이션, 공부하는 것이 좋다는 상식, 공부하면 가질 수 있는 직업에 대한 지식과 기대 등등. 그런 것이 하나도 없는 환경에서 태블릿을 처음 만난 아이들은 무슨 생각을 할까? 나는 인지니 프로젝트에서 만난 장애가 있는 어린아이들을 떠올렸고, 세계 어느 곳에 사는 어떤 아이라도 너무나 매력적으로 느낄 수밖에 없는 화면을 상상했다.

일단 글자를 하나도 알지 못해도 시작할 수 있도록 그림만으로 이해가 되는 UI를 만들었다. 처음 제품을 실행하면 작은 헛간이 나타나고, 헛간 안에는 알에서 깨어난 작은 새들이 있고, 이 새들은 학습이 진행될수록 조금씩 자라난다. 이 헛간은 진도가 어느 정도 나갔고 얼마나 더 해야 하는지를 한눈에 보여준다. A는 Apple이 아닌 Ax(도끼)로부터 시작되는 단어 카드를 만들고 도끼로 나무를 자르는 동영상을 넣었다. 기존에 만들던 게임 액티비티를 자연물 중심으로 재구성하고, 100권이 넘는 읽기 교재는 주로 아프리카의 이야기들로 가져왔다.

스와힐리어와 영어, 두 개의 버전을 제출해야 했기에 각각의 언어 특성을 깊게 탐구하는 방향보다는 대부분의 언어 학습이 이루어지는 큰 줄기에 집중해 제품을 개발했다. 알파벳을 가르치고, 소리와 기호를 연결하고, 알파벳을 모아 단어를 가르치고, 단어를 모아 문장을 가르치는 방식이었다. 정보의 기호화도 비슷한 방식으로 진행했다. 처음에는 아이들에게 익숙한 사물이 담긴 비디오를 보여준 후 사진을 보여주고, 사진과 유사한 일러스트레이션으로부터 조금씩 추상화된 기호로 옮겨간다. 탄자니아의 아이들도 늘 볼 수 있는 하늘, 구름, 땅, 풀과 꽃, 새와 도마뱀, 그리고 자동차 등의 익숙한 사물을 중심으로 커리큘럼을 구성했다.

이 과정에서 혹여 저개발국에 대한 선진국 사람들의 편견이 담겼거나 현지 문화에 거슬리는 내용이 있는지 검토해야 했다. 예를 들어 미국에서는 '아프리카인 가족'을 키워드로 해서 사진을 검색하면 벌거벗은 원시 부족의 사진이 나왔다. 현지에서 긍정적으로 생각할 수 있게 콘텐츠를 만들고 싶었지만, 인종 간에 미묘한 차이가 있으니 무엇이 더 호감이 가는 얼굴인지, 어떤 발음이 현지 사람들이 선호하는 것인지 등은 우리끼리 결정할 수 있는 일이 아니었다. 그래서 탄자니아 현지의 미디어 회사와 파트너십을 맺고 현지 배우들을 고용해서 사진을 찍고 비디오를 촬영하는 식으로 문화적 문제를 해결했다.

마지막 1년은 정말 정신없이 마감했다. 현지에서 15개월간 아이들을 제대로 가르치려면 지금 만든 콘텐츠 양으로는 한참 부족했지만 일정은 한정되어 있고 마감이 째깍째깍 닥쳐왔다. 우리는 마감 날 밤에야 손을 털고 엑스프라이즈 대회의 파일 서버에 예선 심사용 버전을 업로드한 후 클릭 버튼을 눌렀다.

2년은 우리가 잘 모르는 지역의 아이들을 위해서 완성된 제품을 만들기에는 너무 짧은 기간이었고, 일을 하는 과정에서 배워야 할 새로운 내용이 너무 많아서 감당할 수 없을 지경이었다. 누군가는 스타트업에서 제품을 만드는 일을 '절벽에서 뛰어내리면서 비행기를 조립하는 것'이나 '달리면서 버스를 조립하는 것'에

©Enuma

삽화가 있는 책, 숫자 1, 2, 3이 그려진 포스터,
책을 읽는 부모, 공부하는 것이 좋다는 상식…
그런 것이 하나도 없는 환경에서 태블릿을 처음 만난
아이들은 무슨 생각을 할까?

비유하곤 한다. 킷킷스쿨을 준비하면서 그게 무슨 기분인지 완전히 이해했다. 배우고 만들어야 할 것에 비해서 시간도 자원도 너무나 부족했다. 이사회와 투자자들이 걱정하는 만큼 우리도 우리 자신을 걱정했지만, '만약 잘못되면 어떻게 하지'라는 질문은 차마 아무도 입 밖에 꺼내지 않았다. 세상에 의미 있는 물건을 만들고 싶었고, 완전히 문맹일 수밖에 없는 환경의 아이들을 돕고 싶었으며, 그 일을 위한 완전한 조건이 갖춰지지 않았어도 어떻게든 해내고 싶었다. 우리는 우리가 알고 있는 지식 안에서 최선을 다했다.

행복의 자격

첫아이가 태어나고, 아이들을 위한 앱을 만드는 일을 시작하고, 회사를 만들고 달려오는 동안 즐겁고 행복했던 기억은 그리 많지 않았다. 내 마음에는 항상 슬픔이 찰랑찰랑 차 있었고, 아이는 계속 병원에 다니고 여러 가지 약을 먹어야 했으며 응급 상황도 종종 벌어졌다. 그럴수록 일을 향한 마음은 항상 절박했다. 조금이라도 게으르면, 조금이라도 나태하면, 조금이라도 나 자신의 재미와 행복을 생각하면 안 될 것 같은 마음에 시달렸다. 미국에서 일하면서 지내다 보니 친구들을 만날 일도 없었고, 그렇게나 좋아하던 게임, 소설, 만화 등에는 손댈 엄두도 내지 못했다.

깨어 있는 모든 시간에 일에 매달리고 모든 것을 챙기면서 조바심을 내면, 일이 더 잘되는 것이 아니라 함께 일하는 사람들을 오히려 방해하게 된다. 자잘하게 일에 손대면 그만큼 실수할 일도 많아지고, 신경이 날카로우니 회사에서 다른 사람들과 대화가 잘되지도 않았고, 조금이라도 일이 잘 풀리지 않거나 새로운 투자자 미팅이 성공적이지 않을 때마다 쉽게 우울에 빠져들었다. 내가 이런 상태다 보니 매일 밤늦게까지 일하는 건호도 함께 힘든 시간을 보내야만 했다. 그러면 다시 미안해서 우울해지고, 어쩌다 기분전환이라도 한다며 내 시간을 갖고 나면 죄책감이 들어서 우울해졌다. 그러니 삶이 무겁고 힘들다는 기분을 자주 느꼈다.

이렇게 답답하게 시간을 보내던 어느 날, 운 좋게 참가하게 된 '창업자를 위한 리더십 부트 캠프'에서 다른 창업자들을 껴안고 엉엉 울고 말았다. 인생이 너무 힘들고, 일은 잘되지 않고, 고생하는 팀원들, 특히 어떻게 잘해줘야 할지 모르겠는 남편에게도 너무 미안했다. 코치와 다른 창업자들은 일을 죽어라 열심히 하지 않으면 불행해질 거라는 망상에서 벗어나라고, 인생에서 작은 행복부터 찾는 습관을 다시 들이라고 격려해주었다. 억지로라도 일과 개인의 삶을 떼어내고 남편과 함께할 수 있는 것들을 찾아보라고 말이다.

그런 훌륭한 격려와 나의 놀랄 만한 행동력이 합쳐진 결과… 2016년, 엑스프라이즈 대회를 위해 한창 제품을 만들던 상황에서 둘째 아이가 생겼다. 출산예정일은 대회 마감일로부터 2주 후였다.

$$\cdot\cdot$$

좋은 결과를 바라면서 추진했던 일이지만 정작 임신했다는 것을 알게 되니 뒤늦게 당황스러웠다. 팀원들에게 민망했고, 일을 벌이기 전에는 생각지 못했던 부정적인 생각들이 들었다. 첫아이가 예정보다 빨리 태어난 후 몇 달에 걸쳐 벌어졌던 온갖 의료 문제를 생각해보면 둘째 아이가 제 날짜에 태어나고 건강할 거라고 무작정 장담할 수도 없었다. 아이가 엑스프라이즈 대회 마감이 끝나기 전에 태어나면 어쩌지? 핵심 엔지니어인 건호가 일을 못해서 제대로 마감을 못하면 어떻게 하지?

같이 일하는 사람들에게 알리는 건 어찌어찌 해냈어도 이사회 멤버들에게 이 소식을 알리는 것은 또 다른 일이었다. 가뜩이나 엄마로서 사연 많은 CEO가 두 번째 임신을 했다는 소식이 어떻게 들릴까? 화를 낼까? 곤란해할까? 걱정하겠지? 여러 가지 생각을 해봤지만 돌이킬 수도 없는 일이니 솔직히 말하는 수밖에는 다른 도리가 없었다.

임신 사실을 알리기로 결심하고 매주 만나는 마누와의 스카이

프 미팅이 끝날 때쯤 "사적인 일이 하나 있어"라며 말을 꺼냈다. 그 말에 표정이 심각해졌던 마누는 내가 임신했다는 말을 듣자 크게 웃었다. "수인! 그건 너에게 벌어질 수 있는 사적인 문제 중에 제일 좋은 거잖아! 괜히 긴장했네!" 마누가 그렇게 말해주는 것이 너무 고마웠다. 곧이어 임신 소식을 알린 다른 이사회 멤버인 개럿이나 소프트뱅크의 이은우 파트너도 매우 기분 좋게 축하의 말을 건네주었다. 너희 부부를 위해서 정말로 기쁘다고, 임신 기간 동안 건강하기를 바란다고 말해주었다.

사실 그해에는 객관적인 회사 형편이 좋지 않아서 이사회가 CEO에게 좋은 말을 할 상황이 아니었다. 투자를 받은 지 1년이 지난 시점인데 사업의 지표도 외부 여건도 너무 좋지 않았다. 우리 팀은 교육격차를 벌이는 게 싫다는 이유로 사교육시장에 토도수학을 파는 것에는 소극적이었고, 시리즈 A 투자를 받은 돈으로 진행했던 중국 유치원 시장 파트너십도 결과적으로는 실패했다. 당시에 미국 공교육 시장에서 아이패드가 크롬북에 밀려 인기가 떨어지는 바람에 앱 시장의 교육/아동 카테고리 시장 규모 자체가 줄어들고 있었으니 추가 투자를 받을 가능성도 거의 없었다. 쓰는 돈보다 매출이 적고 투자 받은 돈이 부족해지면 회사의 생존이 위협을 받는다. 여기 더해서 회사의 핵심 인력들이 결과가 불투명한 엑스프라이즈 대회를 준비하고 있었다. 회사 운영을 제대로 할 생각이 없는 거냐고 지적하고 질책하더라도 할 말이 없을 상황이었다.

그러나 이사회 멤버들은 회사의 재정 상황과 전략은 날카롭게 비판하면서도 사적으로 이야기할 때는 항상 건강을 걱정하고 격려해주었다. 나는 혹시라도 부정적인 뒷말을 들을까 봐 바짝 겁을 먹었지만, 곧 우리 이사회가 정말 회사의 사정과 창업자의 임신을 별개의 건으로 생각하고 있다는 것을 믿고 걱정을 내려놓았다.

모두가 응원해준 덕분에 나도 건호도 그 기간에 최선을 다해서 일할 수 있었다. 인력을 재배치하고, 지원금을 끌어오고, 킷킷스쿨을 최선을 다해 만드는 동안 열 달이 훌쩍 지나갔다. 배 속의 아이는 출산예정일까지 얌전히 기다려주었다.

만삭으로 엑스프라이즈 대회 마감을 하고 한 주 후에는 신년 이사회가 있었다. 나는 엑스프라이즈 대회에 제품을 제출했음을 알리고 새해의 계획을 이야기한 후, "오늘부터 휴직하고 이틀 후에 출산하러 갈 예정입니다. 3개월 후에 출산휴가에서 복귀하겠습니다"라고 보고했다. 화상회의 스피커에서 큰 소리로 축하와 격려가 날아왔다.

나는 그 순간에 가슴을 가득 채우는 따뜻함과 행복감을 느꼈다. 이 멋진 사람들이 나를 믿어주는구나. 내가 여성이든, 엄마든, 영어를 잘 못하든, 학습이 어려운 아이를 위해서만 제품을 만들겠다고 고집하든, 5년이 걸리는 대회에 회사의 운명을 걸고 그 와중에 임신을 하고 출산휴가를 쓰든 간에 내가 어쨌든 잘 해낼 거라고 믿어주는구나.

사업을 하는 동안 나는 결혼과 임신, 출산을 걱정하는 많은 여성 창업자들을 만났다. 가정과 일을 모두 성공적으로 유지해가는 사람도 있지만, 사업에 방해가 될까 봐 결혼하지 않는다는 사람도 있었고, 아이를 갖는 것을 미루거나 포기한 사람도 있었다. 투자 유치 미팅에서 기혼이고 아이가 있다고 이야기했더니 제대로 일할 수 있겠냐고 핀잔을 들었다는 이야기를 들려준 사람도 있었다. 21세기에도 여성 CEO가 결혼하거나 임신하고, 출산하는 것을 당연하지 않다고 생각하는 사람들이 있다. 나도 다른 사람들의 반응이 부정적일까 봐 지레 겁을 먹고 '이러면 안 되는 걸까', '아이 둘은 무리일까', '개인의 행복을 회사보다 우선하는 것처럼 보일까'라고 걱정했었다.

그때 내 주변의 모든 사람들이 멋지다고, 행운을 빈다고, 건강하기를 바란다고 격려해준 것이 큰 힘이 되었다. 그들은 나의 선택을 존중하고 믿어주었고, 내가 그럴 자격이 있는 가치 있는 사람이라는 자신감을 가질 수 있게 해주었다.

'아이가 성장하는 데는 한 마을이 필요하다'는 말은 아이에게만 해당되는 말이 아니라 처음부터 배워야 하는 창업자에게도, 그리고 성장할 때까지 오랜 시간이 필요한 스타트업에도 모두 필요한 이야기다. 처음 이 회사를 만들 때부터 '아이를 키우는 부모들이 마음 편히 일할 수 있는 회사'를 만들겠다고 생각했지만, 그것은 나 혼자서 할 수 있는 일이 아니었고, 우리 팀만 똘똘 뭉친다고 해낼 수 있는 일도 아니었다. 수많은 훌륭한 사람들이 투자자로, 조언자로, 이사회 멤버로, 멘토로, 파트너로 따뜻하게 지켜봐주고 믿어주었다. 그래서 나는 이 커다란 마을 안에서 성장할 기회를 가질 수 있었다.

이 시기부터 나는 조금씩 편안해지기 시작했다. 내가 CEO라는 역할에 부족한 사람이라는 자격지심을 내려놓고, 무엇이든 해낼 수 있다고 생각하기 시작했다. 우리의 제품은 세상에서 가장 학습이 어려운 조건의 아이들에게 가닿을 것이다. 우리는 1500만 달러가 걸린 세계대회에 나가서 우승할 자격이 있다. 나와 남편은 재미있게 일하고, 둘째 아이도 가지고, 어쨌든 행복지려고 노력할 자격이 있다. 우리는 세상의 모든 것에 대해 한껏 욕심을 낼 자격이 있다고 생각할 수 있었다.

네가 가라, 탄자니아

둘째 아이가 태어난 지 얼마 안 되어 킷킷스쿨이 15개 팀을 뽑은 세미파이널(준결선)에 진출했다는 소식을 들었다. LA의 엑스프라이즈 본사에서 발표심사가 있었다. 무사히 심사를 마친 저녁에 나이가 좀 들어 보이는 여성이 우리에게 다가왔다. 미국에서 오랫동안 비영리기구 컨설팅을 했고, 전 세계 아이들의 학습을 디지털로 바꾸는 것을 돕는 비영리단체인 이매진 월드와이드의 설립자 수전 콜비였다.

수전은 여러 가지를 물었다. 가장 궁금해한 것은 어떻게 우리가 탄자니아의 학교에서 필드 테스트까지 할 수 있었는지였다. 나는 KOICA의 지원을 받는 NGO들이 탄자니아에서 다수의 교육사업을 벌이고 있어 그들의 도움을 받았다고 설명했다. 그는 외부 투자금을 끌어들이고 높은 기술적 수준을 지향하는 실리콘밸리 방식으로 엑스프라이즈 대회에 접근하는 우리에게 기대가 컸다. 그는 우리 팀이 뭘 해왔는지, 궁극적으로 뭘 만들고 싶은지 꼬치꼬치 물어보고는 우리가 원하는 결과를 얻기 위해서 제일 필요한 것이 뭐냐고 물었다. 나는 바로 대답할 수 있었다. "돈을 모으는 일이지. 400만 달러쯤 더 필요할 것 같아."

수전은 그렇게나 많이 드느냐고 놀랐지만 내 계산으로는 그것도 한참 부족했다. 엑스프라이즈 대회의 제품은 문해와 수학을 다 포함해야 했고, 두 언어로 만들어야 했으며, 태블릿을 전혀 써본 적 없는 문맹의 아이들을 위해서 만들어야 했으니 토도수학보다 훨씬 제작 난이도가 높았다. 사실 1500만 달러의 엑스프라이즈 대회 상금을 모두 받아도 충분하지 않았다. 전 세계 아이들의 문맹을 해결할 수 있는 제품이 겨우 그 정도 비용으로 만들어질 리가 있겠는가?

우리가 만드는 게임 기반의 학습 프로그램은 제작비용이 많이 든다. 게임을 재미있게 만들 능력을 가진 사람들을 모아서 많은 양의 콘텐츠를 만들어야 한다. 게임산업에서는 새 콘텐츠 제작에 몇백억 원씩 들이는 것이 당연하게 여겨지는데, 아이들의 학습을 위한 에듀테크에서는 겨우 몇십억의 자원을 투입하는 것조차 '왜 그렇게 많이 드냐'는 질문을 쉽게 받는다. 개발도상국에서 어떤 학습효과도 없는 학교를 유지하는 데만도 1년에 160조 원 이상이 쓰인다는 통계가 있었다. 학습효과를 개선하기 위해 만드는 소프트웨어에 얼마를 투자하면 적당하다고 할 건지, 답답하게 느껴질 때가 많았다.

⁂

그해 8월에 킷킷스쿨이 파이널리스트(결선 진출자)로 뽑혔다는 통보를 받았다. 결선 진출 팀들은 100만 달러를 받고 15개월간 이루어지는 필드 테스트를 시작해야 했다. 뉴욕에서 열린 파이널리스트 발표회에서 사회자가 신나는 목소리로 "100만 달러라는 큰돈을 어떻게 쓸 겁니까? 계획은 세워뒀나요?"라고 물었다. 다른 결승 진출 팀들이 여러 가지 포부를 밝히는 것을 들은 후 마지막에 내가 마이크를 잡았다. "이미 다 썼는데요."

엑스프라이즈 대회 결선에 진출한 다섯 팀은 각각 다른 접근법을 취하고 있었다. AI 인식기술을 사용하는 카네기멜론대학 팀, 텍스트 기반의 학습법을 만든 미국 교재 전문 개발 팀, 오랫동안 아프리카에서 디지털 교육사업을 해온 영국계 NGO, 인도 아이들의 경험을 결합한 제품을 개발하는 인도의 비영리회사가 바로 그들이었다. 게임 기반의 액티비티, 비디오, 책 등 가능한 모든 콘텐츠를 꽉꽉 채워서 재미있게 가르치려는 우리 방식이 제작비가 가장 비쌌다. 그리고 우리는 저개발국 아이들을 위한 다며 적당히 싸게 만들 생각이 아예 없었다. 이 일 자체가 시대에 뒤떨어진 장애 아동용 소프트웨어를 참을 수 없어서 시작한 일이 아닌가.

100만 달러쯤이야 제작비의 일부밖에 안 된다고 허세를 부렸지만, 통장에 결선 진출 상금인 100만 달러가 들어오자 그렇게 기쁠 수가 없었다. 엑스프라이즈 대회의 결선 진출 팀이 되었다는 소식을 들은 한국의 임팩트 투자자들이 먼저 연락해왔다. 막 설립된 임팩트 투자회사인 옐로우독의 제현주 대표는 에누마가 성공해서 글로벌 임팩트를 만들어내고, 소셜벤처가 어떤 것인지에 대해 모두가 납득할 수 있는 롤 모델이 되어주면 좋겠다고 하면서 다른 임팩트 투자자들과 함께 400만 달러를 투자해주었다. 이제 우리는 돈 걱정 없이 결선을 위해 일할 수 있었다.

엑스프라이즈 대회의 결선 규칙은 다음과 같았다. 탄자니아 북부에 위치한 170개 마을에 태양열 전지판과 40개의 태블릿을 충전할 수 있는 충전소를 만들어준다. 이 마을들을 다섯 그룹으로 나눠 결선 진출 소프트웨어가 깔린 태블릿을 나누어준다. 2주마다 유엔세계식량계획(WFP)의 스태프들이 마을을 방문해서 상황을 확인하고 충전소에 설치된 서버에서 데이터를 확보한다.

15개월째에 아이들이 시험을 치러서 평균 점수가 가장 높은 제품이 승리한다.

엑스프라이즈 대회 결선 기간 동안 세 번의 업데이트 기회가 주어진다고 했다. 즉 제품을 앞으로 15개월 동안 계속해서 만들어야 한다는 이야기였다. 나는 같이하자는 말을 오랫동안 아껴두었던 친구에게 전화를 걸었다. 엔씨소프트에서 리니지 1, 2를 기획했고 전사 크리에이티브 디렉터로 인지니 프로젝트를 밀어주던, 내가 아는 최고의 게임 디렉터인 김형진이었다. "네가 합류하기 딱 좋은 때야. 진짜 훌륭한 기획자가 가서 좀 봐야 해. 네가 와서 건호랑 탄자니아에 가면 되겠다."

그는 오래지 않아 다니던 회사를 그만두고 탄자니아로 날아갔고, 킷킷스쿨을 사용하고 있는 학교를 방문해서 관찰한 후 고쳐야 할 일들의 목록을 잔뜩 들고 돌아왔다. 엑스프라이즈 대회 결선 심사를 위해서 20개의 마을, 400명의 아이들에게 배포될 필드용 버전은 태블릿에 소프트웨어를 설치해서 배포한다. 인터넷 연결이 되지 않으니 몇 달간은 문제를 수정하거나 업데이트할 수 없으므로 결코 실수가 있어서는 안 되었다.

그런데 엑스프라이즈 대회가 진행되는 지역을 결선 진출 팀이 방문하는 것은 엄격히 금지되어 있었다. 그래서 우리는 KOICA의 지원금을 써서 탄자니아의 다른 지역 세 곳에서 테스트 필드

(시범 지역)를 운영했다. 그중 하나는 최대한 엑스프라이즈 대회 환경처럼 만들기 위해, 글자를 모르는 아이들이 학교에 가지 않고 모여 있는 환경을 만들었다. 제품 개발자들은 순번을 정해 탄자니아의 테스트 필드에 가서 아이들의 행동을 관찰하고 데이터를 살폈다.

⁝

아이들은 정말 재미있게 공부했다. 킷킷스쿨에서 비디오를 보고 다양한 액티비티를 해서 글자와 숫자를 배우고 나면, 그림판을 열고 자기들이 본 것을 연습해보았다. 덧셈 뺄셈을 해보기도 하고, 의자를 그리고 '의자'라고 써보기도 했다. 아이들 여러 명이 시간을 맞춰 같은 액티비티를 켠 후 누가 빨리 끝내나 경쟁해보기도 했고, 태블릿 한 개에 옹기종기 모여앉아 크게 단어를 합창하면서 웃기도 했다. 어떤 곳에서건 3개월쯤 지나면 뚜렷하게 학습 성과가 나타나는 것을 볼 수 있었다.

그렇지만 우리로서는 상상하지 못했던 상황도 계속 벌어졌다. 어떤 아이들은 낯선 태블릿에 손대기를 무서워해서 터치도 하지 못하고 비디오만 보았다. 18색의 크레용이 갖춰진 쓰기 편한 디지털 그림판을 만들어 넣어줬더니 필드 테스트를 진행하는 학교의 2학년생들이 한 학기의 절반 동안 그림만 그리느라 성적이 전혀 오르지 않았다. 화면 안에 진짜같이 보이는 북을 만들어 넣었더니 양손에 나뭇가지를 쥐고 진짜 북을 치듯이 화면을 강하게 내리쳐서 태블릿 화면이 깨지는 일들도 있었다.

가장 당황스러웠던 것은, 아이들이 게임 안의 어려운 문제를 서로에게 풀어달라고 하는 것이었다. 킷킷스쿨은 단원평가와 비슷한 시험을 치러서 성공하지 않으면 더 어려운 레벨로 넘어가지 못하게 만들어졌는데, 아이들은 제일 공부 잘하는 아이의 도움을 받아 다 함께 새로운 레벨로 넘어갔다. 문제가 어려워지면 공부 잘하는 아이 옆에 가서 풀어달라고 줄을 섰다. 학교를 다녀보지 않았던 이 아이들은 시험문제는 남의 도움을 받지 않고 풀어야 한다는 걸, 어려운 문제라도 혼자서 해결해야 한다는 걸 배운 적이 없었다. 이 부분은 마지막까지도 도무지 해결 방법을 찾을 수 없었다.

한국과 미국에서 일하던 우리 팀이 문화적으로 잘 모르는 세계를 빈틈없이 상상하고 만들기는 쉽지 않았다. 현지에서 많은 파트너들이 도와주었고, 데이터를 해석해주었으며, 조언을 건네주었다. 부족한 점은 한이 없었지만, 현지 아이들이 이 제품을 좋아하고 이것으로 배우는 모습을 보는 것은 우리의 기쁨이었다. 이런 데이터를 바탕으로 몇 달간 밤낮없이 업데이트해서 필드 테

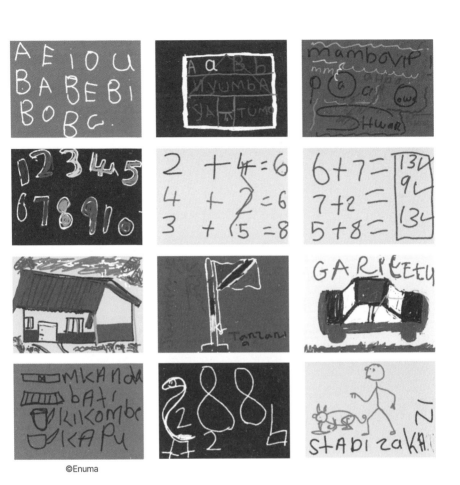

우리는 무엇보다도 아이들이 신나고 재미있게
배우기를 바랐다. 그림판의 그림들은 우리의 바람이
현실이 되고 있다는 증거였다.

스트용 버전을 제출했고, 드디어 2017년 11월에, 15개월에 걸친 엑스프라이즈 대회의 필드 테스트가 시작되었다는 소식이 들려왔다.

인터넷이 없는 환경이었지만, 유엔세계식량기구의 스태프들이 60킬로미터씩 떨어져 있는 마을들을 정기적으로 방문해 충전소에 모인 데이터를 수집해서 보내주었다. 킷킷스쿨에 배정된 400명의 아이들이 공부하고 있다는 로그데이터와, 그림판에 그린 그림들이 쏟아져 들어왔다. 이 데이터를 바탕으로 여러 차례 업데이트해서 15개월 동안 아이들이 꾸준히 제품을 플레이하며 배울 수 있도록 해야 했다.

데이터는 아이들이 무엇을 공부하고 있는지 구체적으로 알려주는 중요한 자료였다. 하지만 굳이 데이터를 보지 않아도, 그림판에 그린 그림만으로도 알 수 있는 사실이 있었다. 아이들이 신나게 배우고 있다는 사실이었다. 그림판에는 알파벳이나 누군가의 이름이 쓰여 있었고, 간단한 수학 문제가 있었으며, 동네의 사물을 그린 그림들이 있었다. 우리는 무엇보다도 아이들이 신나고 재미있게 배우기를 바랐다. 그림판의 그림들은 우리의 바람이 현실이 되고 있다는 증거였다.

결선이 시작되기 전에는 '아이들이 우리가 생각한 것처럼 킷킷스쿨을 좋아하지 않으면 어쩌지. 중간에 질려서 공부를 하지

않으면 어떻게 하지'가 가장 큰 걱정이었다. 그 고비는 넘긴 듯했
다. 이제 우리가 우승을 하든 안 하든, 엑스프라이즈 대회 이후의
시간을 준비해야 할 시기가 다가오고 있었다.

엑스프라이즈 대회에서
우승한 날

엑스프라이즈 대회의 우승자 발표는 2019년 5월에 LA의 구글 강당에서 있었다. 나는 며칠 전부터 '무슨 일이 있더라도 내가 잘 대처할 수 있기를' 기도하고 또 기도했다. 대회 주최 측에서 강당에 결선 진출 다섯 팀을 모두 모아놓고 아카데미 시상식처럼 진행하겠다며, 사전에 아무것도 말해주지 않고 현장에서 발표하겠다고 한 것이었다!

우승자에게 상금을 몰아주는 엑스프라이즈 대회 규칙에는 장려상이나 참가상 같은 것이 없었다. 상금을 받지 못한 결선 진출 팀들은 빈손으로 돌아가야 했다. 5년간의 결과가 발표되는 자리에서 영화배우도 아닌 팀들이 전문 배우들처럼 멋지고 우아하게 반응할 수 있을 리가 없었다. 게다가 아무에게도 이야기하지 않았지만, 나는 우리가 꼭 우승할 거라는 자신감을 살짝 잃어버린 상태였다.

엑스프라이즈 대회 주최 측에서 며칠 전에 보내준 현지 관찰 영상에는 다른 결선 진출 팀인 원빌리언의 태블릿으로 글을 읽고 있는 아이의 비디오가 포함되어 있었다. 원빌리언은 오랫동안 동아프리카 지역에 학습용 앱을 제공해온 영국계 NGO로 영국 정부, 대학과 자선 재단으로부터 연구와 사업개발 등의 지원을 받고 있었다. '10억 명에게 학습을 제공하겠다'는 포부를 담은 원빌리언(Onebillion)이라는 이름도, 아프리카 지역 아이들을 위해서 오랫동안 제품을 만들고 운영해온 경력도 결코 쉽게 볼 수 있는 경쟁자가 아니었다. 자원도 넉넉하고 경험도 많은 원빌리언에게는 계속 신경을 쓰고 있었는데, 그 제품으로 아이가 글을 읽게 만든 증거가 담긴 비디오를 보자 마음이 진정되지 않았다. 나는 그 비디오를 다른 사람들이 보지 못하도록 팀 내의 공유 폴더에서 삭제해버렸다. 결과가 나오기도 전에 쓸데없이 동료들을 걱정시키고 싶지 않았다.

우리도 킷킷스쿨의 데이터를 보고 아이들이 진도를 많이 나갔다는 것을 알고 있었다. 글을 읽고 쓰거나 두 자릿수 덧셈과 뺄셈을 할 줄 아는 아이들이 꽤 많았다. 그러나 원빌리언의 비디오에서 매우 유창하게 글을 읽는 아이를 보자 그전까지 당연하게 우승할 것이라 여기고 부풀어 올랐던 마음이 순식간에 오그라들었다. 원빌리언의 제품을 쓰는 다른 아이들도 다 이렇게 글을 잘 읽을까? 이 아이들과 비교하면, 우리 그룹의 아이들은 지금 어떤 상태일까? 나는 팀원들에게 항상 솔직한 사람이라고 생각했는데, 건호에게까지 그 비디오를 감춘 후에는 심란한 마음을 나눌 곳도 없었다. 원빌리언의 학습효과가 우리보다 앞설까? 만약 그러면 어떻게 되는 거지?

엑스프라이즈 대회에 도전하기 전에는 인생에서 이렇게 오랫동안 노력해본 적도, 또 이렇게 기대해본 적도 없었다. 동료들 앞에서 평정심을 유지하는 것이 쉬운 일이 아니었다.

LA로 날아간 우리 팀 다섯 명은 두근거리는 가슴을 안고 발표를 기다렸다. 엑스프라이즈 대회의 연혁이 소개되고, 일론 머스크가 입장하고, 그의 다섯 아이들이 뛰어 들어와서 곳곳에 자리를 잡았다. 엑스프라이즈 회장인 피터 디아만디스가 일론 머스크에게 봉투를 건네며 말했다. "오늘 우승자가 둘이에요." 일론 머스크는 짧게 "그럼 즐거움도 두 배겠네요"라고 말하고는 첫 번째 봉투를 열고 바로 호명했다. "팀 킷킷!"

그 순간 머릿속에 마치 내가 이 순간을 오래전부터 알고 있었던 것 같은 환상이 스쳤다. '결국 정해진 대로 이렇게 되었구나….' 내가 입고 있는 흰색 개량한복, 내 손을 잡고 있는 건호, 사람들이 보내는 박수갈채, 그 모든 것이 기묘하게도 익숙하게 느껴졌다. 지난 5년간 수없이 꿈꿔왔던 순간이었기 때문일까. 나는 건호와 함께 단상에 올라 일론 머스크와 악수하고, 짧게 이야기를 나눈 후, 무게가 무려 10킬로그램이나 되는 트로피를 한 손으로 들었다. 그 뒤로는 사진을 찍고 또 찍었다. 엑스프라이즈 팀과 찍고, 시상식에 참석한 팀 사람들과 모여서 찍고, 뒤이어 공동 우승자로 발표된 원빌리언과도 찍었다. 팰로앨토에서 LA까지 찾아와준 마누가 사람들 뒤에 서서 활짝 웃고 있었다.

숙소로 돌아오자 서울에서 보내온 영상이 메일함에 도착해 있었다. 유튜브로 중계되는 우승자 발표를 서울에 있는 우리 팀이 지켜보는 모습을 기록한 영상이었다. 오랫동안 고생한 동료들이 박수치고 소리치며 서로 껴안고 있었다. 건물 전체를 울릴 정도로 소리를 질러서 같은 건물에 있는 다른 회사 사람들이 사무실에 들러서 축하해주었다고 했다. 서울 팀이 축하 회식을 하면서 건배하고 있는 사진을 이어서 보내왔다. 우리가 4년간 해왔던 일은 그렇게나 멋지게 마무리되었다.

나중에 엑스프라이즈 대회 주최 측이 공개한 데이터를 분석해

보니, 킷킷스쿨은 경쟁작들에 비해서 학습 성과와 사용량이 월등히 높았다. 하루 평균 두 시간씩, 81퍼센트의 아이들이 15개월의 마지막까지 내내 킷킷스쿨을 플레이했는데, 이것은 경쟁작의 두 배가 넘는 사용량이었다. 태블릿을 사용하려면 아이들이 충전소까지 오래 걸어가야 하고, 비가 올 때는 충전이 되지 않는 경우도 있다. 아무도 공부하라고 격려하거나 돕지도 않는다. 그런 상황에서 이렇게나 많이 꾸준히 사용한 것이다. TV와 놀잇감이 흔한 세상에서는 상상하기 어려울 정도의 몰입이었다. 이렇게 15개월간 킷킷스쿨을 사용한 아이들의 40퍼센트가 문장을 읽을 수 있었고, 70퍼센트가 덧셈과 뺄셈을 할 수 있었다. 탄자니아에서 학교를 1년 다닌 것과 비슷한 정도의 학습 성과라고 했다.

하지만 필드 데이터의 세부 영역을 분석해보면 원빌리언이 우리보다 높은 점수를 기록한 영역이 있었다. 우리는 아이들이 대부분 문맹이어서 그렇게까지 진도가 빨리 나가리라고는 미처 생각하지 못했으므로, 평가 영역 중 가장 어려운 고급 읽기 영역과 문장형 수학 영역의 콘텐츠를 제대로 마련하지 않았다. 그래서 다른 영역에서는 킷킷스쿨의 성적이 훨씬 높았지만 고급 읽기와 문장형 수학 문제에서 원빌리언의 성적이 더 높았다. 너무 아쉬운 일이었지만 우리의 판단이 짧았음을 인정하고 공동 우승이라는 결과를 받아들일 수 있었다. 대회 기간 동안 현지를 방문했던

©Enuma

우리는 나름의 방식으로 성공을 위한
모험을 하는 중이었다. 동료들과 이렇게 다짐하면서.
"우리, 이런 거 하려고 회사 하는 거잖아."

엑스프라이즈 직원 한 명이 이런 말을 전해주었다. "킷킷스쿨을 하는 마을은 딱 들어가면 바로 알 수 있었어. 마을의 아이들이 태블릿을 아주 특별하게 여겼고, 다른 마을 아이들보다 훨씬 신나고 즐거워 보였거든."

∴

엑스프라이즈 대회는 우리에게 무엇이었을까? 우리는 학습이 어려운 아이들을 위해 만들어진 에듀테크가 수많은 아이들이 배움에 실패하는 문제를 해결할 수 있다고 믿었다. 엑스프라이즈 대회를 통해서 우리의 방법이 옳고 이 제품이 정말 효과가 있다는 것을 증명하고 널리 알릴 수 있다고 확신했다. 회사가 설립된 후 3년이 되었을 때, 첫 제품이 성공한 후 도약이 필요할 때, 1500만 달러라는 높은 상금을 걸고 문맹의 아이들에게 통하는 태블릿용 소프트웨어를 만들라는 세계 대회가 열린 것이 그냥 우연의 일치일 수는 없지 않겠는가? 나는 이것이 운명이라고, 반드시 이 기회를 잡아야 미래로 가는 문을 열 수 있다고 믿었다.

예전에 마누가 에누마의 성장전략을 물었을 때, 이렇게 답한 적 있다. "학습이 어려운 아이들을 위한 제품이 정말 잘 만들어지면, 진짜로 아이들이 디지털로 학습할 수 있다는 게 증명될 거고, 그럼 엑스프라이즈 대회에서 우승할 수 있을 거야. 그걸 근거로 공교육에서 우리 제품을 도입하면, 학습이 어려운 아이들이 이걸 다 쓸 수 있게 되지!" 그는 기가 차다는 듯이 말했다. "그게 무슨 전략이야? 그냥 희망사항을 나열한 거지." 나는 어깨를 으쓱했다. "어쨌든 그렇게 되면 되는 거잖아."

에누마는 모험자본을 받아서 투자자들에게 성장을 약속하는 스타트업이지만, 미션을 따르는 사회적 기업이기도 하다. 미션에 대한 집착이 크다 보니 일반적인 회사의 성장 공식에는 잘 맞지 않는다. 최대한 기존 시장에서 무시당하고 소외되는 존재들을 생각해서 제품을 만들고, 시장에서 기껏 인기를 끌더라도 사교육시장에서 돈을 버는 데는 열의가 거의 없는 데다, 당장은 돈이 안 되고 목표도 높은 프로젝트를 하는 걸 좋아하니 투자자들과 도와주시는 분들의 속을 종종 썩였다.

그렇지만 우리는 나름의 방식으로 성공을 위한 모험을 하는 중이었다. '정상적인' 에듀테크 스타트업들이 이렇게 저렇게 재보고는 불가능하다고 포기한 기회에 모든 것을 걸고 온몸을 던지는 방식으로 말이다. 동료들과 이렇게 다짐하면서. "우리, 이런 거 하려고 회사 하는 거잖아."

모험가들의 팀

세계 여러 나라의 옛이야기 중에는 왕이 내건 어려운 문제를 해결하고 큰 상을 받는 것으로 끝나는 모험담들이 있다. 그중 하나로 〈세상에 둘도 없는 바보와 하늘을 나는 배〉라는 러시아 민담이 있다. 바보라고 무시당하는 청년이 '하늘을 나는 배를 가져오는 사람에게 공주를 주겠다'는 왕의 공고를 보고 길을 떠난다. 그는 길에서 만난 노인에게 친절을 베풀어 배를 얻고, 재주가 다양한 사람들을 배에 가득 태우고는 왕궁으로 날아가 왕이 낸 어려운 문제를 모두 풀어내고 공주와 결혼한다. 나는 엑스프라이즈 대회 기간 동안에 이 동화책을 아이에게 여러 번 읽어주었다.

이런 이야기 구조는 모험기를 담은 영화나 만화에서 흔히 찾아볼 수 있다. 주인공들은 남다르게 낙천적이지만 대단한 재주를 갖지는 않았다. 그들의 능력은 배를 잘 만드는 것도, 멋진 외모로 공주의 호감을 얻는 것도 아닌, 길에서 만난 사람들을 같이 가자고 불러 모으는 것이다. 그가 모은 동료들은 특출 난 재주를 하나씩 가지고 있다. 위기가 닥쳤을 때 그들은 자신들이 지닌 재주를 발휘해서 어려운 문제를 하나하나 풀어낸다. 나는 창업이라는 여정이야말로 매우 전형적인 모험담의 성격을 띤다는 것을 깨달았다. 벤처회사의 벤처(venture)라는 말 자체가 위험한 모험을 시작한다는 뜻이 아니던가. 한 명의 능력으로 할 수 없는 큰 모험을 벌일 때에는, 자신의 능력보다 누구와 함께하는지가 더 중요하다.

학창시절을 떠올려보면 '나중에 성공할 것 같다'고 생각되던 친구들이 있었다. 능력도 좋고 운동도 잘하고 다른 사람들에게도 사려 깊게 대하는 모난 데 없는 사람들이 훌륭해 보이고 신뢰가 갔다. 나는 그렇게 균형 잡힌 사람이 아니었다. 하고 싶은 것만 잘하고, 하기 싫은 일은 손도 대지 않았다. 전 과목을 두루두루 잘하고 꾸준히 잘해야 하는 일반적인 평가기준으로 보면, 나는 딱히 성공하게 생겼다거나 뭔가를 이뤄낼 수 있는 성격이 아니었다.

그러나 좋은 인생 파트너를 만나고 다른 사람들과 함께 일하자, 내 장점을 발휘할 기회가 생겼다. 나는 불완전한 사람이지만,

다른 사람들과 팀을 이루면 멋진 일을 할 수 있다는 것을 조금씩 깨달았다. 울퉁불퉁하고 다양한 재주의 사람들이 서로의 장점을 모아 모두 함께 성공할 수 있도록 만드는 것이 회사라는 조직이고, 그 안에서는 나도 남들에게 도움이 되는 괜찮은 조각이 될 수 있었다.

사실 창업 초기에 몇 년 동안은 내 단점을 바로잡고 좀 더 균형 잡힌 사람이 되어보려고 노력했다. 나는 독창적으로 생각한다는 장점은 있지만, 흥미가 빠르게 바뀌고 제멋대로라는 단점이 있어 조직 생활에 잘 맞지 않았다. 스타트업 조직에는 창업자의 장점과 단점이 그대로 반영된다고 하니, 진지한 미션의 회사가 예측 불가능한 나를 닮으면 큰일 난다고 생각했던 것 같다. 그러나 아무리 노력해도 훌륭한 스타트업의 조직관리 교과서에서 말하는 것은 그 무엇도 나에게 맞지 않았다. 경청하는 자세건, 솔선수범하는 리더십이건, 사려 깊은 멘토링이건 간에 하여간 재능이 없었다.

그렇게 고전하던 중 스타트업 창업자들을 모아 가르치는 부트캠프에서 스타트업 코치인 제리 콜로나가 던진 화두가 가슴에 꽂혔다. "이렇게 생겼는데 어쩌라고?(This being So, What?)" 내가 이런 사람이라면 이제 어떻게 할 것인가? 제리는 리더들이 자신이 아닌 다른 사람이 되는 것이 아니라, 자신의 밝은 부분과 어두운 부분을 이해해서 더 성숙해짐으로써 타인과 더 잘 일할 수 있게 된다고 가르쳤다. 투자자들이 가끔 이야기하는 "장점만 살리세요. 약점은 다른 사람에게 맡기고"라는 말과도 비슷했다.

:.

부트 캠프 이후 나는 '이렇게 생겼는데 어쩌라고'를 되뇌면서 함께 일할 팀을 구성하는 데 창의성을 발휘했다. 다른 사람들에게 신뢰를 주는 안정적인 성격의 사람이나, 제품을 꾸준히 잘 만드는 것을 잘하는 사람들에게 힘을 실어서 균형을 유지하고 리더십이 사방으로 분산된 조직을 만든 것이다.

에누마는 어떻게 생겼을까? 에누마에는 스타트업 교과서에 나오는 다른 회사처럼 생긴 부분이 많지 않다. 우리에게 가장 독창적인 점은 학습이 어려운 아이들을 위한 제품을 만든다는 것도, 엑스프라이즈 대회같이 가능성이 낮은 기회에 도전하는 것도 아니었다. 우리들 중 누구도 경험한 적 없는 수평적인 조직, 극단적으로 자율에 맡기는 회사 문화다.

자율적인 문화는 '아이를 키우는 부모가 일할 수 있는 직장'을 만들겠다며 회사를 처음 세울 때부터 시작되었다. 건호와 내가 함께 병원에 자주 가야 하는 아이를 키우면서 일하자니 근무 형태가 매우 유연해야 했고, 미국과 한국 양쪽에서 근무하는 사람들로 이루어진 팀을 유지하려니 자율성이 매우 높아야 했다. 어차피 이렇게 생겨야 한다면 더 적극적으로 유연근무가 필요한 부모들에게 어필하는 회사를 만들어서 훌륭한 사람을 모으자는 계획을 세웠다. 미국도 아이 때문에 경력이 단절되는 경우가 흔하고, 당시에는 실리콘밸리에 유연근무가 가능한 회사가 많지 않았다. '아이를 데리고 일할 수 있는 회사'라는 것은 미국에 네트워크나 아는 사람이 거의 없는 작은 에듀테크 회사에서 내세울 만한 장점이었다.

일주일에 두 번 모이는 공통 업무시간에 아이를 회사에 데리고 오라고 적극적으로 권했다. 어차피 아이들의 제품을 만드는 사람들이다 보니 아이들이 자주 함께 왔다. 장난감이 가득 들어 있는 방에서 갓난아기를 둥개둥개 어르며 회의를 하거나, 장난감 기차 테이블에서 노는 아이들 옆에 부모 둘이 바닥에 앉아서 미팅을 하는 광경이 꽤 흔했다.

미국 사무실을 방문했던 소프트뱅크의 이은우 파트너는 우리가 일하는 형태를 보고는 복잡한 표정을 지었다. "사람이 20명도 안 될 때야 이런 식으로 용병 집단처럼 일해도 괜찮겠죠. 그런데 이렇게 해서 조직이 앞으로도 계속해서 커질 수 있을까요?" 그 답은 몰랐지만 남들 같은 조직구조로 바꾼다고 커질 것 같지도 않았다. 17시간이나 시차가 나는 한국과 미국에서 협업하는 사람들에게 정해진 시간 동안 딱 일하는 회사 구조는 어차피 맞지 않았다. 정해진 시간에 모두 모여 일하고, 입사부터 은퇴까지 한 회사에서 치르는 사람들을 위해서 쓰인 경영론이나 조직론, 팀 방법론에서는 보고 배울 것도 없었다. 우리는 '이런 식'으로도 커질 수 있는 방법을 찾아야 했다.

'직장에서 일 잘하는 법'을 다룬 책을 보면, 회사에서 가족의 사정을 이야기하는 것은 전문인으로서의 자세가 아니며, 그렇게 해서는 일 잘하는 사람이 될 수 없다고 주장한다. 그렇다면, 가족의 사정을 감출 수 없는 일 잘하는 전문가는 어디로 가야 할까? 아이뿐 아니라 파트너가 아픈 경우도 있고, 부모님을 돌봐야 하는 경우도 있다.

꼭 누가 아파야만 근무시간 조정이 필요한 것도 아니다. 시간이 필요한 취미생활을 중요하게 생각하거나, 개인 프로젝트를 하면서 일주일에 절반만 일하거나, 평소에는 주말만 일하고 방학에 풀타임으로 일하는 것을 원하는 사람도 있었다. 우리는 점점 창의적으로 일하는 방식을 찾아나갔다. 훌륭한 사람이기만 하다면, 회사에 그들의 장점을 가져올 수만 있다면, 계약직이건 파트타임이건 풀타임이건 상관없이 대우하고 각자의 상황에 맞춰 계약했다. 우리 회사가 이런 사람을 채용한다는 것을 듣고는 연락해오는 사람도 생겼다.

시간이 지나자 조직도 직급도 거의 없는 회사가 만들어졌다. 관리자나 직급의 구분 없이 업무를 기반으로 연결되는 수평형 조직의 조직도는 CEO로부터 시작해서 일반사원까지 직급에 따라 아래로 내려가는 피라미드구조가 아니라 가운데에 중심점을 두고 방사형으로 퍼져나가는 원형 모양으로 그려졌다. 역할이 정해진 그림에 사람을 끼워 넣는 것이 아니라 적당한 사람들이 붙어서 조직을 만드는 식이니 원형이라기보다는 아메바처럼 울퉁불퉁한 덩어리이고, 누가 새로 들어오고 기존의 누가 나가느냐에 따라 형태가 계속해서 변했다. 그래도 사람들이 회사를 오래 다니니 모양이 쉬이 바뀌지 않아 꽤 안정성이 높았다. 이렇게 정해진 형태가 없는 회사에서 일이 잘되려면 모두가 동의할 수 있는 크고 멋진 목표가 있어야 했다.

"글로벌 러닝 엑스프라이즈 대회에 진짜로 도전하려고요." 이게 잘되지 않으면 회사가 문을 닫아야 할 것이라고 다들 알고 있었다. 그래도 우리가 이 정도 멋진 일에 도전할 만한 수준이 된다는 자부심도 있었다. '진짜로 세계대회에서 우승하는 게 가능할까?'라는 질문에 나는 '우리가 아니면 세상에 우승할 곳이 없다'고 우겼다. 이렇게 물건을 잘 만드는 회사치고 이런 미친 짓에 뛰어들 회사가 우리 말고 있을 것 같지 않았기 때문이다. 항상 옳은 조언만 하는 우리 이사회는 시장에서 인기 있는 제품을 내버려두고 시장이 존재하지 않는 곳을 위해 제품을 만드는 것은 영리회사가 할 일이 아니라고 걱정했다. 나는 초반에 잠깐 연기하던 모범생 창업자 가면을 벗어던지고 뻔뻔하게 우겼다. "남들과 다른 방식으로 성공하는 회사가 하나쯤 있어도 좋잖아요. 엑스프라이즈 대회에서 우승해서 태블릿으로 읽기와 쓰기를 배울 수 있다는 게 증명되면 세상이 바뀔 거라고요."

'인생의 몇 년을 투자할 가치가 있는 일, 반드시 만들어내는 결과, 이를 함께 해내는 멋진 동료, 그리고 신뢰를 바탕으로 한 효율', 나는 이렇게 네 가지를 회사가 줄 수 있는 약속으로 정했다. 나중에 회사의 상황이 바뀌어 유연근무나 수평적 조직 같은 것을 더 이상 유지할 수 없다고 해도 이 약속만 지킬 수 있다면 아마도 이 팀을 유지할 수 있을 것이다. 팀이 있는 한, 우리는 계속해서 무언가를 만들어낼 수 있다.

모험담에서 중요한 것은 마지막에 공주와 결혼했는지가 아니라, 거기까지 이르는 길에 누구를 만나고 어떤 모험을 했는지다. 나는 우리 팀을 사랑하고, 오래오래 그들과 함께 멋진 것을 만들고 싶다. 미래를 모르는 만큼 더욱 모험은 가치가 있고, 이 정도로 멋진 모험이라면 어떻게든 잘 끝나지 않을까. 끝이 어떻게 되든 괜찮지 않을까.

한 명의 능력으로 할 수 없는 큰 모험을 벌일 때에는,
자신의 능력보다 누구와 함께하는지가 더 중요하다.

3부

배움의 권리

우리를 빼고 만들지 말라

우리 아이가 다니던 청각장애 아이들을 위한 프리스쿨에서는 부모를 위한 수화 교실을 열고 왜 청각장애 아이들에게 수화 교육이 중요한지를 여러 번 반복해서 가르쳤다. 청각장애 아이들의 90퍼센트는 청각장애가 없는 부모에게서 태어난다. 이 아이들은 소리를 듣지 못해 일반 언어를 통해서는 언어 자극을 제대로 받지 못하므로, 청각장애가 있는 가족에게 수화를 모어로 배운 아이들에 비해서 언어능력과 학습능력의 발달이 더디다. 언젠가는 아이들이 입 모양을 보고 대화를 짐작하고 목소리를 내어 말하는 구화를 할 수 있을지도 모르지만, 이 아이들에게 가장 자연스러운 의사소통방식은 수화다. 언어 자극을 최대한 많이 받게 해주려면 가족이 집에서 수화를 쓰는 것이 가장 중요하다.

나는 수화 교실에 열심히 출석했지만 좀처럼 수화가 늘지 않았다. 영어로도 잘 말하지 못하는 내가 다른 부모들이 배우는 영어 수화의 속도를 따라가는 것은 불가능한 일이었다. 결국에는 내가 수화를 배워서 아이에게 말하는 것을 포기하고, 수화로 진행되는 TV 프로그램을 함께 보거나 동화책을 수화로 읽어주는 비디오를 반복해서 보는 방식으로 아이에게 언어 자극을 주려고 노력했다.

미국 국제개발처(USAID)에서 청각장애인을 위한 에듀테크 솔루션을 모집한다는 내용의 메일을 보자 예전 기억이 떠올랐고, '킷킷스쿨에 수화 모드를 넣어서 청각장애가 있는 아이들도 통합 환경에서 쓸 수 있게 하자'는 아이디어가 뒤이어 떠올랐다. 의료지원이 없는 저개발국은 감염이나 질병의 위험이 높으므로 청각장애인의 비율이 선진국보다 높고, 어릴 때 청각 테스트를 하지 않기 때문에 장애가 제때 발견되지 않는다. 그런 아이들이 킷킷스쿨을 통해 수화를 배우고 이를 기반으로 문해를 배울 기회가 생긴다면 좋을 것 같았다. 우리는 청각장애 학교의 선생님들을 인터뷰하고 기존의 연구와 제품들을 살펴본 후, 수화 비디오로 글과 숫자를 배우는 기능을 디자인하기 시작했다.

'수화 모드'라는 것은 혁신적 기술이라기보다는 기존의 제품에 새로운 기능을 추가하는 일이었다. 기존의 킷킷스쿨에서 이 옵션을 켜면 추가로 수화 영상이 나오거나 일부 그림이 수화 영상으로 바뀌어 아이들에게 수화를 가르쳐주고 읽기를 배우도록 돕는 것이다. 수화 모드를 만들기 위해 필요한 것은 많은 양의 탄자니아 수화 영상을 확보하는 것이었다. 다행히도 탄자니아에는 표준 수화 체계가 갖춰져 있었고, 수화 통역사들의 단체도 있었다. 탄자니아의 에이전시를 통해서 청각장애인 단체와 연락하고, 수많은 영상을 찍고, 이것을 킷킷스쿨에 연결해서 '수화 모드'의 프로토타입을 완성했다. 누가 봐도 아름답게 만들어진 학습기능이었다.

그러나 이 제품은 완성시키는 데 필요한 펀딩을 받지 못했다. 제품의 품질 때문이 아니었다. 프로토타입의 품질은 누구든 놀랄 정도로 훌륭했으니 USAID 프로젝트 최종심사에는 당연히 진출했는데, 발표를 하러 자신만만하게 단상에 올라가보니 최종심사장에 앉아 있는 심사위원 세 명이 모두 청각장애인이었다. 그 순간 뭔가 잘못되었다는 것을 깨달았다.

다른 회사는 모두 청각장애인이 수화로 발표했는데, 수화 통역을 이용한 것은 우리 회사뿐이었다. 국제청각장애인연맹의 회장인 심사위원장은 첫 질문으로 "이 제품의 개발자 중에 청각장애인이 있습니까?" 하고 물었다. 미국의 청각장애 전문 교사들이 함께 디자인했고 탄자니아의 청각장애인협회가 콘텐츠 제작에 참여했다고 설명했지만 그는 손을 휘휘 저었다. 그는 다시 질문했고, 통역사가 말을 옮겼다. "에누마에 청각장애인이 고용되어 있습니까? 특히 그들이 프로그래밍 등 핵심 개발에 참여했습니까?" 우리 회사에는 청각장애인 인턴이 있었지만 개발자는 아니었다.

그는 '더 볼 것도 없다'는 표정을 지었고, 나는 황망하게 발표를 끝냈다. 발표장의 분위기는 매우 차갑게 가라앉아 있었다. 그렇게 잘 만들어진 제품을 가지고도 발표를 망쳤다는 것이 너무 당황스러워서 그 후로 몇 주간 이불을 덮어쓰고는 대체 내가 어디서부터 잘못한 건지 생각하고 또 생각했다.

그러다가 예전 수화 교육 시간에 미국 청각장애 교육의 역사에 대해 배웠던 것이 뒤늦게 떠올랐다. 청각장애인들은 자신의 운명을 남들이 결정하는 시절을 오랫동안 보내며 많은 좌절을 겪었다. 1895년 청각장애인의 부모, 배우자, 청각장애 학교의 교사들이 국제회의에 모여서 청각장애인들은 구화만을 배워야 하며 수화를 사용할 수 없다고 결정한 적이 있는데, 그 결과 청각장애가 있는 아이들에게는 가장 자연스러운 언어인 수화를 사용하는 것이 금지되었다. 학교에서 수화를 사용하면 체벌을 당하거나 손이 묶이기도 했다. 자신의 능력으로 정보를 익히고 표현하는 진정한 배움과는 상관없이 비장애인이 알아들을 수 있도록 목소리를 내는 훈련만 반복적으로 실시되었다. 한참이 지나서야 인권운동과 시민운동의 영향으로 장애인의 권리가 인정되었고 수화가 하나의 정식 언어로 인정되어 학교에서 수화를 사용할 수 있게 되었지만, 청각장애인이 한 명도 없는 곳에서 누군가가 그들을 대신해 발언하고 그들을 이해하지 못한 정책을 강제했다는 것이 공동체의 기억에 깊이 남았다.

그 후로도 장애인들은 자신들을 위한 주요한 의사결정에서 계속해서 무시되었다. 1990년대에 와서야 장애인의 당사자성을 존중하고 참여를 보장하는 것이 장애인 권리에서 중요한 원칙이 되었다. 이 맥락에서 나온 슬로건이 '우리를 빼고 우리에 대해 논의하지 말라(Nothing about us without us)'이다.

장애가 있는 아이의 부모는 당사자가 아니다. 나는 장애인의 당사자성에 대해 읽기도 했고 듣기도 했지만, 이를 제대로 배우지 못했던 것이다. 이 제품을 쓸 사람들의 맥락을 더 적극적으로 알고 존중했어야 했다. 사용자에게는 기술적으로 가장 좋고 가장 아름다운 것만 중요한 게 아니다. 그 제품에 담긴 원칙과 제작 방식을 납득할 수 있어야 한다.

모든 공동체 안에는 구성원들에 의해 만들어진 문화와 역사가 있으며, 이를 진심으로 이해할 수 있어야만 그들을 위해 일할 자격을 얻는다. 기술적인 어려움이 있더라도 반드시 수화로 발표했어야 했고, 개발 과정에 청각장애인들이 더 적극적으로 참여했어야 했다. 이런 당사자성과 고유의 문화에 대한 존중은 꼭 이런 소수자 커뮤니티뿐 아니라 외부인으로서 사용자 집단과 일할 때에 반드시 지켜야 하는 원칙이었는데 이를 무시했으니, 그들이 우리를 믿지 않는 것이 어쩌면 당연했다.

이런 부끄러운 경험 후에 교육 전문 컨퍼런스에 가서 주변을 둘러보자, 많은 조직들이 당사자성을 존중하기 위해서 노력하는 모습들이 눈에 들어왔다. 외국을 대상으로 일할 때는 현지인의 요구를 조사하고, 사용자 커뮤니티의 일원이 자신의 경험을 중심으로 발표하되, 가능하면 현지인을 발언자로 내세우고, 전문가들의 자문 기구를 정성스럽게 구성해야 한다. 이런 배려와 존중이 몸에 배지 않았다면 배워서 따라 해야 했다.

킷킷스쿨의 탄자니아 수화 버전은 결국 더 이상 진행하지 못한 채로 프로토타입으로만 남았다. 탄자니아 내에서는 이를 완성할 예산을 확보할 수 없었고, USAID의 청각장애인용 에듀테크 프로젝트와 같은 기회는 더 이상 생기지 않았다. 그러나 이 프로토타입은 여러 나라의 교육 당국과 협의할 때 에듀테크 제품 안에서 장애인 통합교육을 진행할 수 있는 좋은 예로 언급되고 있다. 무엇보다도 나는 이 버전을 볼 때마다 내 실패를 곱씹고, 언어와 문화가 다른 사람들과 일하는 방법을 되새긴다. 이 미완의 제품은 이후 우리가 많은 프로젝트를 좀 더 옳은 방법으로 진행할 수 있도록 도와주었다.

로힝야 난민촌의 팝업 스쿨

엑스프라이즈 대회의 결과가 나오기 전부터도 킷킷스쿨을 구매해서 사용하는 파트너들이 생겼다. 주로 영어와 스와힐리어를 사용하는 동아프리카 인접 지역인 케냐, 우간다, 르완다 등의 지역에서 정부를 도와 학교를 지원하는 NGO들이었다. 그곳에서 킷킷스쿨을 실행할 수 있는 사양을 갖춘 가장 싼 태블릿의 가격은 80달러, 한화로 약 12만 원 정도였다. 부담스러운 가격이지만 아이들 여러 명이 하루에 30분이나 한 시간씩 돌아가면서 사용하고, 태블릿 한 대를 2~3년간 사용할 수 있으면 학교 운영자들이 감당할 만한 비용이 된다.

예전에는 전기가 들어오는 곳이 많지 않았지만, 소규모 태양광 발전 시설의 가격은 많이 내려갔고, 킷킷스쿨은 인터넷이 없어도 작동했다. 그러니 킷킷스쿨이 담긴 태블릿을 세 대나 다섯 대쯤 사서 사용하는 작은 유치원이나 학교가 생겼고, 30대 정도 구입해 여러 반에서 돌아가면서 사용하는 방식들이 실험되었다.

사하라사막 남쪽의 아프리카 지역은 전 세계에서 문맹률이 가장 높다. 거의 모든 아이들이 학교에는 다니고 있지만 기초학력을 달성하는 비율은 10퍼센트를 겨우 넘는 정도이다. 교사가 글을 제대로 읽지 못하는 경우도 많고, 한 반에 아이들이 너무 많은 데다, 교과서와 학용품이 부족하거나 아이들이 안전하게 공부할 만한 환경이 갖춰지지 않아 학교에 모이더라도 수업이 제대로 진행되지 않는다. 그러니 이런 상황을 개선하기 위해서 기술을 활용한 교육에 관심이 많았다.

탄자니아의 이웃 나라인 케냐는 2014년부터 공교육에서 1인 1태블릿 도입을 결정하고, 모든 1학년을 위해 태블릿 100만 대를 이미 구매해둔 상태였다. 그러나 디지털 학습을 위한 커리큘럼을 만들고, 학교에서 아이들을 관리하는 플랫폼을 제작하고, 여기에 전 학년, 전 과목의 학습콘텐츠를 한 번에 만들어 갖춰 넣는 일이 쉽지 않다 보니 소프트웨어 납품이 계속 늦어졌다. 다른 인접 국가들은 케냐가 어떻게 하는지 결과를 보려고 디지털 정책을 확정하지 않고 기다리고 있었다(결국 케냐는 코로나19 팬데믹이 올 때까지 태블릿 교육을 실시하지 못했다). 공교육 재정을 사용하지 않고 외부의 기부에 의존하는 NGO들은 이런 결과를 기다리지 않고 활발하게 새로운 솔루션을 실험했다.

이런 파트너들의 도움을 얻어 학교 환경에서 킷킷스쿨이 잘 사용되는 것은 알고 있었다. 그렇지만 학교보다 학습이 더 어려운 곳에서도 작동하는지, 그런 상황에서 학습을 위해서 더 필요한 기능이 있는지에는 계속 관심을 가졌다. 동아프리카에서 우리가 테스트했던 가장 학습이 어려운 학교는 케냐의 카쿠마 난민촌에 있는 학교였다. 카쿠마의 난민촌은 30년 전에 세워져 세계에서 가장 오래된 난민촌 중 하나로 약 20만 명의 사람들이 살고 있다. 오랜 시간을 살아오는 동안 그 안에서 태어나 자라는 아이들이 많았다.

난민촌 안에서 학교를 운영하는 NGO 중 하나인 '자비에 프로젝트'는 한 명의 교사가 700명이 넘는 아이들을 맡고 있다고 했다. 한 번에 250명씩, 한 시간 반씩 돌아가면서 수업한다. 케냐 교육부의 규정에 맞춰 영어 커리큘럼을 사용하는데, 수단 등에서 난민촌으로 이주한 선생님도 영어를 잘 알지 못하다 보니 아무래도 학습이 잘되기 어려웠다.

자비에 프로젝트는 킷킷스쿨을 실험해보고 이를 자신들이 운영하는 세 곳의 학교에 모두 도입했다. 7~15세의 청소년들이 30분씩 돌아가면서 킷킷스쿨로 영어와 수학을 공부했다. 학교 내에 태블릿을 충전하는 곳이 없어 아침마다 사무실에서 충전해서 가져오고 배터리가 방전되면 보조배터리를 끼워서 썼다. 흙바닥에 매트가 깔린 교실에서 10대 중반의 학생들이 기기를 귀에 대고 흘러나오는 설명을 들으며 영어를 배웠다. 아이들의 학습 성과가 좋고 운영자의 만족도도 매우 높았다. 우리는 이 학교에 대한 케이스 스터디를 작성해서 여러 파트너에게 공유했다.

그러자 엑스프라이즈 대회의 인연으로 만난 비영리기구인 이매진 월드와이드가 방글라데시의 로힝야 난민을 위해서 킷킷스쿨의 현지화가 가능한지를 물어왔다. 우리는 난민촌의 경험이 있다고 자신 있게 말했지만, 나중에 알게 된 로힝야 난민촌의 상황은 우리가 알던 그 어떤 곳보다도 훨씬, 훨씬 열악했다. 미얀마 서부의 소수민족으로 살던 곳에서 쫓겨난 로힝야족 100만 명은 방글라데시의 해안가 마을에 임시로 만들어진 난민 캠프에 자리를 잡았다. 문자가 없는 로힝야어를 사용하는 로힝야족은 대부분 교육을 받은 적이 없었고, 방글라데시 정부의 방침 때문에 방글라데시어를 배울 수도 없었다. 난민촌 인구의 절반인 50만 명이 아이와 청소년이었다. 국제기구는 이들에게 영어 공부를 시키겠다고 결정했는데, 난민촌 안에 영어를 가르칠 수 있는 사람이 있는 것도 아니었다. 영어를 한 번도 들어본 적 없는 아이들에게 ABC를 가르치고, 아이들은 이렇게 배운 영어로 수학까지 배워야 하는 상황이었다.

우리는 고심 끝에 로힝야인 난민 가족을 섭외해서 로힝야어로 영어와 수학의 기초를 설명하는 비디오를 정성스럽게 찍었다. 그렇지만 정작 이 비디오를 난민촌에 보냈더니 무슨 말을 하는지 알아듣지 못하겠다는 답변이 왔다. 문자가 없는 언어는 빠르게 변화한다. 방글라데시의 난민촌에 몇 년간 살게 된 로힝야인들의 언어는 그들이 정착한 지역의 언어와 섞여 이미 변화한 상황이었다. 한 번도 본 적 없는 낯선 언어를 배워야 하는데 자기 민족 말로 된 설명조차 제대로 갖춰지지 않았으면 대체 어떻게 배우란 말인가? 이런 언어의 문제를 도와주는 NGO인 국경없는번역가회와 파트너인 국제구조위원회(International Rescue Commitee, IRC) 사이를 오가며 온갖 우여곡절을 겪은 끝에 난민촌에서 쓰는 로힝야어의 해설이 붙은 킷킷스쿨 버전을 만들었다.

난민촌 안에는 전기가 가설되어 있지 않았고, 제대로 된 학교도 없었으며, 10대 여자아이들은 안전문제 때문에 집 밖에 내보내지도 않았다. 여기서 태블릿으로 학습하는 공부방을 만드는 팝업 스쿨 프로젝트가 시작되었다. IRC의 직원들이 아침마다 충전된 태블릿을 가방에 넣고 걸어가서 공부방 역할을 하는 가정에 갖다 두면 그 집의 여주인이 동네 아이들을 모아놓고 태블릿을 나누어준다. 한 시간이 지나면 이 아이들이 돌아가고 다음 아이들이 들어와서 태블릿으로 공부한다. 오후가 되면 직원들이 각 집마다 방문해서 태블릿을 모아 사무실로 가져가서 학습 데이터를 저장하고 태블릿을 충전한다.

이 팝업 스쿨은 정말 번거롭고 고된 방법이었다. 난민촌 안에 학교를 가지 못하는 몇십만 명의 아이들이 있었지만 이 방식으로 공부를 할 수 있는 수혜자는 몇백 명이 채 되지 못했다. 그렇지만 현지 파트너들의 태도는 더없이 진지했다. 어쨌든 난민촌의 아이들도 배울 권리가 있고, 이 아이들이 글을 읽는 법을 어떻게든 배워서 현재의 상태를 타개할 역량을 기르도록 도와줘야 한다. 부족의 문화와 치안 문제 때문에 집 밖에 나가지 못하는 여자아이들도 배워야 한다. 어떻게든지 아이들을 가르칠 방법을 마련해서 실험해봐야 한다. 그러니 아이들의 학습 역량 테스트도 해야 하고, 매일 수업한 결과 데이터도 분석해야 했다. 프로젝트의 난이도는 생각보다 훨씬 높았고, 현지에서의 요구사항도 계속 늘어났다.

이렇게 특수한 상황에서 필요한 요구사항들에 대응하자니 생각한 것보다 더 많은 자원이 필요했다. 우리 회사의 개발진들은 이런 일에 언제나 적극적이었지만, 돈을 벌지 못하는 사업에 계속해서 자원을 투입하는 기회비용이 결코 만만치 않았다. 이사회에 설명할 때는 이렇게 다양한 환경에서 아이들에게 학습을 시키다 보면 경험이 쌓여 제대로 된 사업으로 발전하는 날이 올 것이라고 주장했지만, 대체 어디까지 해야 할지 고민이 될 때가 있었다.

∴

로힝야 난민촌의 팝업 스쿨은 매우 성공적인 결과를 가져왔지만, 2020년에 터진 코로나19 팬데믹으로 모든 학교와 가정 공부방들이 문을 닫으면서 갑작스럽게 중단되었다. 몇 년 후 코로나 바이러스가 얼추 가라앉고 IRC가 로힝야족 아이들의 디지털 교육을 위한 대규모 자선기금을 확보해서 프로젝트가 재개된다는 소식을 들었다. 그런데 로힝야인의 난민촌 거주가 장기화될 것을 우려한 방글라데시 정부의 방침 때문에 난민촌 내의 기기 사용이 금지되었고 이를 활용한 교육도 할 수 없게 되었다.

이 지역에 기약 없이 머물러 있는 100만 명의 난민 중 절반은 아이와 청소년이고, 그중 대다수가 문맹이다. 이들은 아무것도 배우지 못한 채로, 미래를 준비할 수 있는 어떤 도구도 없는 상태

©Enuma

난민촌의 팝업 스쿨은 정말 번거롭고 고된 방법이었다.
그렇지만 현지 파트너들의 태도는 더없이 진지했다.
난민촌의 아이들이 글 읽은 법을 어떻게든 배워서
현재의 상태를 타개할 역량을 기르도록 도와줘야 한다.

로, 언젠가 돌아갈 고향도 없어진 상태로, 진흙으로 덮인 땅에 머물러 있다. 대나무로 지어진 임시 거주지에는 화재, 홍수, 산사태가 연이어 밀어닥치고, 인신매매의 희생양이 되거나 조혼으로 내몰리는 아이들도 있다. 그리고 그곳에서 다음 세대가 태어난다. 난민촌의 사정이 점점 더 나빠지고 있다는 뉴스가 종종 들려온다.

우리는 다시 이 제품을 쓰고 싶다는 연락이 오기를 막연히 기다리고 있다. 몇 년간 쓰지 않은 소프트웨어의 먼지를 털어 최신의 기기에서 구동을 시키려면 사람과 자원이 또 필요할 것이다. 하지만 동료들은 대나무를 엮어 만든 작은 방에서 태블릿을 들여다보며 옹기종기 모여 공부하고 있는 여자아이들의 사진을 꺼내 보고는 '돈이 얼마나 더 들어갈까'라는 고민을 슬쩍 옆으로 밀어놓고 팔을 걷으리라. 다시 그 아이들을 가르칠 수 있다면 참 기쁠 것이다.

나는 너와 다르게 배운다

토도수학을 만들던 초기에 시간에 맞춰 푸는 연산 도전 문제를 놓고 기획팀이 결정해야 할 일이 있었다. '3분 동안 15개의 문제를 줄 텐데, 만약 3분이 되기 전에 아이가 문제를 다 풀어버리면 어떻게 해야 할까?' 수학 교사인 동료 캣은 난이도가 높은 문제를 더 많이 주는 게 당연하다고 생각했다. 나는 문제를 15개나 풀어낸 아이에게 문제를 더 주는 것은 벌을 주는 것이라고 생각했다. 우리는 이 문제를 가지고 일주일 넘게 논박을 펼쳤고, 회사 사람들은 저마다 다른 의견을 보냈다.

전문적으로 가르치는 법을 배운 교사가 아니더라도 많은 사람들은 교육에 대해 자기만의 의견이 있다. 그들의 기준은 보통 '자기 자신', 혹은 '내 아이'다. 자기 경험을 바탕으로 하여 자신이 생각하기에 무엇이 옳은 학습방법인가에 대해 의견을 낸다. 통계학자로 일하다가 수학 교사가 된 캣, 컴퓨터공학 박사 건호, 물리교육을 전공하고 물리학 석사를 받은 유택은 '문제를 더 주는 게 보상이 될 수도 있다'고 생각했다. 수학을 매우 싫어했던 나와 특수교육 전문가인 애나는 '수학을 싫어하는 아이에게는 너무 나쁜 경험이 될 것'이라고 봤다.

일주일 동안 자신의 학창생활, 공부방법, 수학 성적까지 모두 늘어놓으면서 토론을 벌인 끝에, 우리는 우리 팀의 팀원들이 각각 공부에 대한 경험과 태도에서 의견이 크게 다르다는 것을 깨달았고, 마침내 이 문제의 해결책을 찾을 수 있었다. 공부를 잘하고 수학이 재미있는 사람들은 이걸 보상이라고 생각할 것이고, 그렇지 않은 사람들은 이걸 불이익이라고 생각할 것이다. 우리는 수학을 잘 못하는 아이를 대상으로 제품을 만들고 있으니까 15개 이상을 풀면 더 이상 푸는 일이 없이 세션을 끝내기로 결정했다. 아이들이 배우는 것과 좋아하는 것이 서로 다르다는 것은 알고 있었지만, 성인이 되어서도 좋아하는 것이 다르고 배우는 방법이 다르다는 것까지는 깊이 생각하지 못했던 것이다. 이런 깨달음 이후로는 게임 디자인에 대해 크게 대립할 일이 줄어들었다. 의견이 있는 사람은 자신이나, 자기가 제품의 주인공으로 생각하는 아이의 학습 성향과 좋아하는 것에 대해 설명하고, 이 제품에서 중요하게 생각하는 사용자들이 누구와 더 닮았을지를 논의했다.

새로 팀원들이 합류할 때마다 나는 이렇게 자기소개를 한다. "저는 남에게 들어서 배우는 것을 잘 못하고요, 눈이 매우 나빠서 시각적으로 혼란스러운 것을 잘 못 견디고요, 정보를 다양하게 주면 거기서 규칙을 발견해가면서 배워요. 일정한 패턴이 반복되면 매우 쉽게 지루해하고요. 복잡한 문제 푸는 거 싫어해요." 나는 이런 사람이지만, 우리 팀에는 규칙적으로 플레이하는 것을 좋아하는 사람도 있고, 아이템을 모으고 꾸미는 것을 좋아하는 사람도 있으며, 복잡한 문제에 도전하는 것을 좋아하는 사람도 있다. 밝고 대비가 큰 원색을 좋아하는 사람이 있고, 파스텔 톤으로 아기자기하게 꾸민 장면을 좋아하는 사람도 있으며, 말로 하는 설명을 좋아하는 사람도, 그림이 있어야 하는 사람도 있다. 우리는 서로 다르고, 이렇게나 다른 아이들을 가르쳐야 한다.

하버드대 교육대학원 교수인 토드 로즈는 《평균의 종말》이라는 책에서, 학교 시스템이 실제로는 존재하지 않는 '평균적인 학생'을 상상해서 설계되어 너무나 다양한 학생들의 능력, 성향, 요구와 마음을 잘 배려하지 않는다고 지적한다. 그는 개인을 개인으로 인식하는 것만이 이 모든 일의 해답이라고 결론짓는다. 그러나 개별화교육이라는 것은 너무나 어렵고 비용이 많이 드는 일이다. 교사 한 명당 20명이 넘는 아이를 가르쳐야 하는 상황에서는 중간의 지적 능력과 중간의 흥미, 중간의 기능을 가진 아이를 기준으로 삼을 수밖에 없다.

그러나 토드 로즈의 지적과 같이 평균의 아이란 너무 모호한 개념이다. 그러다 보니 이 기준에 따라 만드는 많은 에듀테크 제품들은 대체 누굴 위해서 만든 것인지 모호할 때가 있다. 이 존재가 좋아하는 것과 싫어하는 것을 생각지 않으니 경험이 밋밋하고 지루하다.

'모두가 배우는 방법이 다르다'는 깨달음 이후에 우리는 한정된 자원 안에서 어떤 고객에게 집중할지를 생각했고, 항상 '배우는 데 어려움이 있는 고객'을 먼저 선택했다. 그래서 토도 제품들은 조금씩 다른 주인공이 있다. 토도수학은 '수학 기초가 없이 학교에 들어가서 어려움을 겪는 아이'였다. 토도영어는 '한글은 잘 읽고 쓰는데 영어를 배워본 적이 없는 아이', 토도한글은 '이주배경 아동으로 초등학교 1학년에서 가나다를 처음 배우는 아이'다. 먼저 주인공을 상상하고, 그들이 편안하게 느끼고 좋아할 만한 기능을 중심으로 제품을 구성한다. 그리고 나서는 이 아이들

외에도 다양한 사용자들의 성향을 생각하면서 추가로 기능을 배치한다.

사용자를 성향에 따라 구분해서 배려한다는 아이디어는 한때 일했던 게임산업에서 빌려온 방법이다. 리처드 바틀이라는 연구자는 온라인게임의 사용자를 목표에 따라 네 가지로 구분했다. 게임을 하는 사람들의 목표의식과 사회성을 축으로 사분면을 그려 성취욕이 강한 사람, 자기만의 목표에 집중하는 사람, 다른 사람과 잘 지내는 것이 목표인 사람, 그리고 반사회적이고 규칙을 어기는 사람으로 나눴다. 이렇게 단순하게 구분해두면 최소한 네 종류의 유저를 만족시키는 데에 도움을 준다.

우리는 동기부여에 초점을 맞춘 디자인 철학과 학습 데이터를 사용해서 사용자를 네 종류로 구분했다. 학습 의욕과 타인의 인정에 대한 욕구를 축으로 하면, 다음 장의 그림과 같은 사분면이 생긴다. 그렇지만 이런 구분의 쓰임새는 어른들의 게임과는 매우 다르다. 많은 아이들의 학습 성향은 그리 고정되어 있지 않고, 그날그날 학습콘텐츠를 마주할 때 느끼는 학습의 난이도와 그날의 기분에 따라 이 사분면 사이를 오간다. 문제가 쉽고 잘 풀리고 남에게 자랑하고 싶어지면 진도를 빠르게 나가면서 많이 나간 것을 자랑하는 학습 성취형이 되고, 학습이 재미는 있는데 진도가 잘 나가지 않으면 '도서관의 책을 다 읽었다', '좋아하는 게

임을 골라서 매일 했다' 같은 식의 수집형 태도를 보인다. 의욕이 없거나 신이 나지 않는 아이들은 수동적으로 매일 시키는 것만 하는데, 이것은 아이의 성향이라기보다는 문제의 난이도가 풀기 좋은 상태인지, 제품이 재미있다고 느끼는지와 더 관련이 있을 것이다.

우리가 항상 신경 쓰는 것은 '안전 안주형'으로, 문제를 어렵게 느끼고 학습 의욕도 적은 아이들이다. 도전하는 것을 싫어하고 자기가 확실히 잘할 수 있는 것만 반복하고 싶어 한다. 어떤 아이라도 문제 난이도가 높아지면 쉬운 문제를 풀면서 자신감을 회복하는 시간을 갖고 싶어 할 것이다. 그런데 학습이 어려운 아이들 중에 심하게 안전 안주형 태도를 보이는 아이들이 있다. 예를 들어 3학년이고 곱셈을 풀 수 있는데도 몇 개월 동안 간단한 한

자릿수 연산 문제만 매일 푸는 식이다. 진도를 나가지 않고 쉬운 것만 푸는 아이를 보고 조바심이 난 부모들이 '아이가 너무 많이 반복하는 부분을 못하게 막는 기능이 있는지' 종종 문의한다.

그런 아이들이 쉬운 문제를 못 풀게 막으면 아이들은 어떻게 느낄까? 이런 아이들이 남들보다 쉬운 게임을 많이 하는 것은 사실이지만 언제나 한곳에만 머무르는 것도 아니다. 충분히 마음이 안정되고 자신감이 생긴 날에는 새로운 게임과 어려운 부분을 시도해보기도 한다. 하지만 준비가 되지 않은 문제를 풀라고 너무 밀어붙인다면 이런 아이들은 노력하기보다는 학습을 그만둘 것이다.

우리가 만드는 제품에서 중요한 개념은 '딱 너의 진도에 맞는 난이도'를 고집하는 것이 아니라, 언제든지 좀 더 쉬운 부분도 할 수 있게 하는 것이다. 특히 남들과 속도가 다른 아이들은 자기가 잘하고 있다고 느끼고 자신 있게 반복할 수 있는 부분을 만날 수 있어야 한다. 여기가 우리의 주인공들이 머무르는 곳이다. 충분히 그곳에 머물며 자신감이 차오른 아이들은 두려움이 없는 날에는 다음 단계로 나아갈 것이다. 그런 자신감을 가지도록 돕는 것이 에듀테크가 할 일이라고 나는 생각한다.

에듀테크가 가장 잘 가르칠 수 있는 분야

킷킷스쿨 다음으로 우리가 만든 제품은 '토도영어'다. 아직 영어를 제대로 배워보지 않은 아이들이 ABC를 배우고, 파닉스를 익히고, 단어를 알고 단순한 책을 읽을 때까지 영어를 공부하는 첫 2년 정도를 다루는 제품이다.

킷킷스쿨 개발 초기부터 영어 부분을 떼어서 일반 시장용으로 만들겠다는 생각은 항상 있었다. 문맹의 아이들이 읽고 쓰기를 할 수 있게 도와주는 영어 문해 프로그램을 만들었으면 당연히 우리의 아이들이 쓸 수 있는 제품을 만들 수 있었다. 사실 영국이나 미국에서 만들어진 영어 문해 프로그램은 많지만 아시아의 아이들에게는 큰 도움이 되지 않는다. 자기가 하는 말을 읽고 쓰는 법을 배우는 것과, 외국어를 배우고 읽고 쓰는 것은 다른 종류의 학습이기 때문이다. 모국어가 아닌 아이들에게 영어를 가르치는 제품은 수학이나 단순 읽고 쓰기 제품보다 만들기가 더 어려운데, 학습에 필요한 콘텐츠 양이 훨씬 많기 때문이다. 알파벳 읽고 쓰기만 가르치는 것이 아니라 언어의 사회적 맥락이 모두 전달되어야 한다. 정보전달을 위해 음성, 동영상, 일러스트레이션 등을 많이 넣어야 하니 앱의 용량도 늘어나고 제품의 사용성도 복잡해진다. 또한 언어습득의 경로에는 개인차가 워낙 커서 커리큘럼을 만드는 것도 난이도가 매우 높다.

하지만 외국어야말로 다른 모든 방법보다 디지털 인터랙션을 활용하는 에듀테크가 가장 잘 가르칠 수 있는 분야이기도 하다. 외국어, 특히 듣기와 말하기는 책이나 학습지로 학습이 거의 되지 않고, 상호작용이 없는 CD나 TV로도 제대로 되지 않는다. 외국어 학습의 기본은 상호작용이기 때문에 교사의 중요도가 높은데, 외국어에 능통한 교사를 구하기란 매우 어려운 일이었다. 에듀테크가 발전하면서 시청각을 동시에 자극할 수 있는 인터랙션과 음성인식, 발음 판정, 음성 합성, 필기 인식 등의 다양한 기술을 사용해서 언어의 네 가지 요소인 듣기, 말하기, 읽기, 쓰기 사이를 교차하며 학습할 수 있었다. 인공지능은 상호작용의 질을 높인다. 온라인 연결이 되지 않았던 킷킷스쿨에서도 간단한 음성인식 엔진만으로 말하기 학습이 잘 이루어졌는데, 인터넷 연결이 되고 최신의 AI 기술을 사용한다면 훨씬 더 좋은 학습 결과를 기대할 수 있었다.

⁂

그러나 제품을 만드는 프로젝트를 시작하려면 우리가 왜 이 제품을 만들어야 하고, 누구의 학습을 돕는가에 대해서 우리 스스로를 설득할 수 있어야 했다. 우리 회사 동료들은 일에서 의미를 찾는 것을 중요하게 여기고, '인생에서 몇 년을 쓸 가치가 있는 일'을 기대한다. 장애가 있는 아이들을 위한 수학 제품을 만들기 위해서 처음 모였고, 그다음에는 전 세계의 문맹 아이들에게 글을 가르치는 프로젝트를 4년간 했다. 그런데 한국과 동아시아 아이들을 위한 영어 교재가 우리가 도전할 만한 일인가? 사교육 시장에 물건을 팔지만 사교육의 부작용은 꽤 경계하는 회사이다 보니, 이런 제품이 시장에서 어떤 의미를 갖는지에 대해서 먼저 이야기하는 것이 중요했다.

한국 사무실에서 어린 자녀를 둔 부모들이 많이 나누는 대화의 주제 중 하나는 영어유치원에 대한 것이었다. 아이가 어릴 때 한글을 빨리 배우고 영어에도 호기심을 보이면 최대한 빨리 이중언어 구사자로 만들어보려고 영어유치원을 고려하는 부모가 많았다. 반면 모국어를 한창 습득해야 할 나이에 다른 언어를 배우는 게 오히려 한글을 읽는 능력을 늦출 것이라고 생각해서 일부러 피하는 부모도 있었다. 영어유치원에 아이를 보낸 부모는 높은 비용과 정서발달 그리고 한글교육의 문제를 걱정했다. 일반 유치원을 보내는 부모들도 고민이 없는 건 아니었다. 나중에 혹 영어를 잘하는 아이와 비교되어 자존감에 상처를 입거나, 미리 영어를 해두지 않으면 나중에 따라가기 어려워지는 게 아닌지 등 구체적인 걱정이 있었다.

킷킷스쿨의 데이터를 보면 아이들이 ABC부터 익혀서 읽기를 배우기까지 걸리는 시간은 200~300시간 정도였다. 18개월 동안 하루 30분 정도의 분량이다. 이 정도 효율을 낼 수 있으면 집에서 틈틈이 학습하는 것으로도 초등학교 교과를 따라갈 정도의 영어 실력을 갖추는 것이 가능하다. 기존 영어 공부의 가장 큰 문제는 텍스트 중심의 학습이 외국어 학습에 비효율적이고, 영어 상호작용을 하는 경험의 양이 충분치 않다는 것이다. 이에 비해 듣기, 쓰기, 읽기, 말하기를 동시에 가능하게 하는 디지털 교육의 효율은 압도적으로 높고, 이는 '듀오링고' 같은 성인용 외국어 디지털 교재에서 이미 증명된 바가 있다.

우리가 정한 토도영어의 대상 고객은 '한글을 읽고 쓸 줄 알고 책도 잘 읽지만 영어를 배우지 않은 아이'였다. 우리는 동료 중

한 명의 일곱 살 딸아이를 주인공으로 상정했다. 책을 잘 읽고 말을 잘하는 그 아이가 학교에 들어가서 영어유치원을 다니던 아이와 자기를 비교하고 마음 상하는 일이 없게 하려면 어느 정도까지 배워둬야 할까, 영어를 좋아하게 하려면 콘텐츠를 어떻게 멋지게 만들까를 함께 생각했다.

킷킷스쿨에서 영어 문해의 기초를 세워뒀지만 추가로 만들어야 할 것이 아주 많았다. 문법 자료도 필요하고, 회화 자료도 필요했다. 영미권 아이들의 문화에 익숙해지기 위해서 매달 테마와 주요 기념일, 이벤트를 설명하는 비디오를 만들고, 화려한 배경에 귀여운 캐릭터들을 그려 넣고 살짝 자극적인 도전 과제도 팍팍 넣었다. 그동안에는 미디어 노출이 적은 개발도상국 상황에 맞춰 채도를 약간 낮추거나 귀여운 일러스트레이션을 쓰는 것을 조심하던 아트 팀이 마음껏 실력을 발휘했다.

우리가 그동안 제품을 만들면서 장애가 있거나 학습에 어려움이 있는 아이를 배려하는 습관이 있다 보니 효과음이 화려하고 너무 자극적이지는 않은지, 학습이 어려운 아이가 한 주에 한 번 치르는 테스트에서 스트레스를 받지는 않을지 헷갈릴 때가 종종 있었다. 이런 고민을 하고 있는 사람들에게 새로 합류한 사업 담당 임원 박정호가 명쾌하게 이야기했다. "저는 회사의 미션이나 문맹이나 이런 건 마음에 잘 안 와닿아요. 하지만 우리 제품은 잘 가르치잖아요? 그게 제일 중요한 것 아니겠어요? 아이들이 배워야 해서 에듀테크 제품을 샀는데, 진짜로 재미도 있고 효과도 있고 잘 가르치는 것만으로도 대단한 것이고 큰 임팩트를 만드는 거라고 생각해요."

우리 아이들이 직접 쓸 제품을 만드는 경험이 오랜만이라서 회사에서는 이전과 다른 분위기의 신바람이 돌았다. 토도영어의 테스트에는 회사 동료들의 자녀 중 열 살 미만인 아이들이 모두 참가했다. 부모와 함께 플레이하고 감상을 남기거나 회사에 와서 성우 역할을 맡아 직접 녹음을 하거나 제품 안의 영상에 배우로 등장하기도 하고, 버그를 리포트하기도 했다.

버클리에 있는 영어 커리큘럼 팀은 디지털 도서와 예문을 만들면서 동아시아 아이들을 위한 영어 제품의 근간 철학이 되는 잠재적 교육과정(Hidden Curriculum)을 제안했다. 잠재적 교육과정이란 콘텐츠와 경험을 통하여 전달되는 사상, 철학, 사회적 역할 등을 말한다. 교육콘텐츠에서는 사회적 예의를 전달하고 인종과 사회적 배경과 성역할에 대한 편견의 제거와 상호존중, 환경과 지속가능성에 대한 배려 등이 적절하게 반영되는 것이 중요하다. 직업이 있는 남자와 여자의 호칭과 묘사, 다양한 가족의 묘사, 아이들의 다양한 선호에 대한 배려, 매너와 예의 바른 표현 등에 대해 미국 팀의 의견이 제시되었다. 이중에 어떤 것은 미국

내에서도 지역마다 기준이 다르거나 한국 사정에는 잘 맞지 않아서, 우리 아이들에게 적당한 수준이 어느 정도일지 한국 팀과 미국 팀 사이에 끊임없이 논의가 오갔다.

⁝

우리는 이 제품이 토도수학이나 킷킷스쿨만큼 아이들의 학습에 긍정적으로 기여하기를 바랐다. 한국은 영어에 대한 열망이 과열되고 사교육이 성행하다 보니 어릴 때 값비싼 영어유치원부터 시작해서 사교육을 통해 영어를 집중적으로 배우는 아이들의 영어 실력과, 학교에서 3학년 때부터 천천히 영어를 배우는 아이들 사이의 실력 편차가 매우 크다. 학교에서 선생님 한 명이 10명이 넘는 아이들과 상호작용을 충분히 해줄 수 있는 것도 아니니 영어 포기자가 생겨버리고, 중학교에 가면 갑자기 기대 수준이 훌쩍 높아진다. 값비싼 영어유치원에 아이를 보내는 부모들이라고 마음이 편안한 것도 아니다. 영어유치원에 다니는 아이는 추가로 한글 문해 공부가 필요하고, 이렇게 배운 영어 실력을 유지하려면 값비싼 영어학원에 계속해서 다녀야 한다.

우리가 생각하기에는 디지털 상호작용과 AI 기술을 조금만 더 활용하면, 영어는 저렇게까지 힘들고 비싸게 배울 필요가 없는 과목이다. 어차피 학교에서 영어를 배우는 것은 3학년 때부터다. 어릴 때부터 영어 사교육에 큰돈을 들이지 않더라도 기본적인 듣기, 쓰기, 말하기, 읽기가 가능해지면 많은 것이 바뀔 것이다.

그렇게 출시된 토도영어는 출시 직후부터 큰 인기를 끌었고, 지금까지도 한국과 일본에서 가장 인기 있는 기초교육 영어 앱의 자리를 고수하고 있다. 공교롭게도 2년간 만들어온 토도영어가 출시된 것은 2020년 3월, 코로나19 팬데믹으로 사람들의 이동이 멈추고 학교와 학원에 가는 것이 중지되고 모두가 집에 갇혀버린 달, 한 번도 경험하지 못했던 일상이 시작된 달이었다.

학교가 닫힌 후에야 깨달은 것들

2020년 초 코로나19 팬데믹이 시작되었다. 연말에 중국에서 처음 보고된 호흡기 질환이 비행기를 타고 전 세계에 퍼지는 데는 3개월밖에 걸리지 않았다. 치료제가 없다 보니 백신이 만들어지기 전까지 인명의 희생을 최소화하고 의료체계의 부담을 줄이고자 모든 나라에서 학교와 직장이 서둘러 문을 닫았다. 전 세계 학교의 94퍼센트인 190개국의 학교가 일시적으로 휴교하고, 16억 명의 학생들이 영향을 받았다.

우리가 살고 있던 미국 캘리포니아에 '밖에 나가지 말고 집에 있으라'는 자택 대기 명령이 떨어진 것은 3월 중순이었다. 큰아이는 초등학교의 마지막 학기를 맞이한 참이었고 작은아이는 한창 프리스쿨에 다니던 중이었다. 나는 전면 재택근무 등 바뀐 삶에 적응하느라 정신없었지만 원격교육이 어느 정도 가능할 것으로 생각하고 아이들의 학교가 닫히는 것에 대해서는 크게 걱정하지 않았다. 미국에서는 2012년부터 디지털 전환이 시작되어 거의 대부분의 아이들에게 디지털기기를 제공했고, 주요 과목을 위한 디지털 교재도 이미 갖춰져 있었다. 회사용 컨퍼런스 콜 회사였던 줌(Zoom)이 재빠르게 학교에서의 무료 사용을 허용하고 원격수업을 보조했다.

그러나 실제로 원격수업은 생각한 것처럼 진행되지 않았다. 아이들은 쉽게 한눈을 팔았고 컴퓨터 앞에 오랜 시간 앉아 있지 못했다. 큰아이의 학습에 중요한 부분인 체육, 미술, 음악, 혹은 그룹 치료나 언어치료는 하나도 제대로 진행되지 못했고, 둘째 아이의 프리스쿨 교사들은 일주일 만에 줌으로 수업하기를 포기했다. 대부분의 아이들은 부모가 돕지 않으면 원격수업을 제대로 진행하지 못했다. 우리 부부는 둘 다 시간의 제약을 받지 않고 일하면서 아이들 옆에 붙어 있는데도 아이들의 수업을 돕는 것이 난감했을 정도니, 컴퓨터 앞에 붙어서 원격근무 중인 부모나 팬데믹 기간에도 일을 나가야 하는 부모가 이 상황을 감당하기는 매우 어려웠을 것이다.

많은 아이들이 원격수업에 접속하지 않거나, 기껏 접속해놓고도 화면을 꺼두고는 교사에게 응답하지 않고, 에듀테크 서비스로 제공되는 숙제도 하지 않았다고 했다. 몇 달 후 LA 교육국에서는 40퍼센트의 아이들이 원격수업에 제대로 참여하지 않았다고 보고했다. 인종과 가정소득에 따라 수업 참여도의 차이는 크게 났다. 일반적으로 학업 성적이 더 낮은 흑인과 히스패닉 아이들, 저소득층, 혼자서 학습이 어려운 아이들, 이주 배경의 아이들이 학교라는 울타리에서 사라졌다. 수업에 접속하지도 않았고, 이메일이나 전화, 메시지에 응답하지도 않았으며, 그중 일부는 팬데믹이 끝난 후에도 학교로 돌아오지 않았다.

원격수업을 하는 데에는 디지털기기만 필요한 것이 아니었다. 미국은 한국만큼 초고속인터넷 보급률이 높지 않아서, 웬만한 가정용 인터넷으로는 가족구성원 모두가 원활하게 원격으로 일하거나 공부할 정도의 속도가 나오지 않았다. 사생활 보호 문제도 있었다. 자기 공간이 없고 집 안의 상황을 화면으로 보여줄 수 없는 아이들이 있으니 화면을 켜두라고 강제하지도 못했다. 기껏 디지털기기와 인터넷이 갖춰진 환경에 있다 해도 부모가 계속 보고 있지 않으면, 손쉽게 접속할 수 있는 유튜브와 게임이 아이들을 홀렸다. 결국 자기 공간이 있고, 가정에 초고속인터넷이 설치되어 있으며, 방해가 없는 학습환경이 갖춰진 가정에서 부모의 지원으로 수업에 제때 참여할 수 있던 아이들만 제대로 공부했다. 그전에도 심각하던 교육격차가 걷잡을 수 없이 벌어지기 시작했다.

부유한 가정과 가난한 가정 사이에 교육격차가 심해진 것처럼 국가 간의 교육격차도 더욱 심해졌다. 각 국가의 사정에 따라 휴교 기간은 몇 달씩, 또는 몇 년씩 지속되었다. 선진국들은 몇 달후 학교를 서둘러 열었지만, 백신이나 방역물품이 빠르게 확보되지 않은 저개발국은 학교를 더 오래 닫을 수밖에 없었기 때문이다. 이런 나라일수록 IT 인프라가 제대로 갖춰지지 않다 보니 디지털을 활용한 원격교육이 어려워서 라디오, TV, 학교에서 나눠주는 프린트물 등이 원격교육에 동원되었다. 우리는 KOICA의 도움을 받아 원하는 모든 개발도상국의 교육 조직에 킷킷스쿨을 무료로 배포하기로 했다. 그러나 학교가 닫힌 상태에서 새로 디지털 기반의 원격교육을 시작할 수 있는 곳은 그리 많지 않았다.

⁂

팬데믹으로 학교가 닫힌 후에야 학교가 우리 사회에서 어떤 의미인지를 깨달은 사람들이 많았다. '교사가 학생에게 지식을 전달하는 곳'이라는 학교의 정의는 공교육 시스템의 극히 일부만 본 것이었다. 학교의 중요한 역할은 산소나 물처럼 너무 당연해서 사라지기 전에는 아무도 주의를 기울이지 않았던 것이다.

'모든 아이들'을 가르치기 위해서 학교는 사회와 가정에서 갖추지 못한 많은 자원을 메꾸는 역할을 담당해왔다. 학교는 부모가 일할 수 있도록 낮 시간에 유용한 학습과 일과를 제공한다. 저소득층 아이들에게는 학교를 통해 균형 잡힌 식사를 제공한다. 아이들은 시간표대로 일과를 진행하며 규칙을 배우고, 가족 이외의 사람과 함께 생활하며 사회성을 기르고 나이에 적합한 대화를 표준어로 나누며 타인과 소통하는 법을 깨우친다. 학교는 아이들에게 안전하고 방해 없는 환경을 제공해서 학습에 집중할 수 있도록 한다.

무엇보다도 학교는 구성원들이 삶의 경험과 생각, 역량 면에서 격차가 크게 벌어지지 않도록, 배경이 서로 다른 가족과 아이들의 삶을 표준화한다. 이런 것은 기술로 대체되지 않는다.

미국은 이듬해부터 제한적으로 등교를 실시했지만, 제대로 수업이 진행된 것은 2021년 가을부터였다. 가장 오래 학교가 닫혀 있던 나라들은 2023년에야 다시 등교를 시작했다. 학교가 오랫동안 닫혀 있으니 월급이 끊긴 교사들은 다른 직업을 찾아 떠났고, 집에서 머무는 동안 아이들은 이전에 배운 것과 학습하던 습관을 잊어버렸다. 유니세프의 글로벌 교육 책임자인 로버트 젠킨스는 코로나19 팬데믹의 첫 2년 동안 배운 가장 뼈아픈 교훈은 바로 "학교는 가장 늦게 닫고 가장 먼저 열려야 할 공간"이라는 사실이라고 했다.

세계은행은 이전보다 1억 명 이상의 학생들, 즉 전 세계 학생의 70퍼센트가 10세까지 제대로 읽고 쓰기를 배우지 못할 것이라고 하고, 이 학생들이 잃을 잠재 소득은 전 세계 GDP의 8퍼센트에 달할 것이라 예측했다.

코로나 바이러스의 위험은 사라졌지만, 학교가 닫혀 있던 기간은 거대한 교육 손실로 남았다. 대부분의 아이들이 학교로 돌아왔지만 교실의 환경은 이전과 같지 않다. 4학년 때 등교가 중단된 아이들이 중학교 교실로 돌아온 경우까지 있다. 학생 간 학습 격차가 팬데믹 이전에는 2~3년 정도였다면, 이제는 그 격차가 몇 년씩 위아래로 더 벌어졌다. 한 명의 교사가 감당할 수준을 넘어선 것이다. 같은 나이에서 평균 수준의 학생을 중심으로 만들어졌던 수업 방식을 바꿔서 다양한 수준의 학생들에게 맞춤형 학습을 제공해야 할 필요가 제기되었다. 팬데믹 이후에 많은 나라들이 '배움의 회복'을 서둘렀지만, 이는 단지 교실을 이전 상태로 되돌리는 데 그치지 않고 훨씬 많은 것을 바꿔야 한다는 의미였다.

팬데믹 전에는 에듀테크가 언젠가는 교사의 역할을 일부 대체할 것이라 여겨진 것이 사실이다. 디지털 기술이 발달하면 교실에 모여 공부하는 일이 없어질 것이라고 예측한 미래학자들도 많았다. 에듀테크 회사들이나 기술 회사들이 이런 환상을 부추기고, 온라인이나 디지털로 공부하는 것이 학교 수업보다 더 효율적이라는 것을 증명해 보이려고 노력했다. 그리고 일부 아이들에게는 효과가 있기도 했다. 하지만 팬데믹을 거치면서 교사는 학습콘텐츠 제공자보다 훨씬 많은 역할을 맡은 존재라는 것이 너무도 분명하게 증명되었다.

이 상황에서 디지털 학습의 역할은 무엇인가? 나 역시도 팬데믹을 경험하기 전에는 디지털 학습이 해줄 수 있는 역할을 과대평가했었다. 학교가 없는 곳에서 아이들이 태블릿만으로 수업을 받을 수 있음을 증명한 것을 자랑스러워했고, 혼자서 하는 디지털 학습의 성과를 군이 교실의 학습 성과와 비교했었다. 그러나 되돌아보니 이런 실험을 위해서 투입한 다른 자원은 계산하지 않았었다. 디지털 학습을 위해 커뮤니티센터에 필요한 전력, 인프라, 관리 인력과 그 인력에 소요되는 비용, 아이들을 학습시키기 위해서 파견된 NGO의 숙련된 직원들 등이 그것이다. 이들이

무엇보다도 학교는 구성원들이 삶의 경험과 생각,
역량 면에서 격차가 크게 벌어지지 않도록, 배경이
서로 다른 가족과 아이들의 삶을 표준화한다.
이런 것은 기술로 대체되지 않는다.

없이는 학습이 이루어지지 않는다. 책으로 공부하든 디지털기기로 학습하든, 학교든 공부방이든 집이든, 아이들의 학습을 위해서는 안전한 공간과 믿을 수 있는 어른이 필요하다. 아이들이 학교에서 배우는 문해와 수리 점수뿐 아니라 타인과 대화하고 교류하는 등의 사회적 영향 또한 제대로 평가하거나 측정하지 않았다.

팬데믹을 거치면서 에듀테크 산업의 관계자들과 디지털 교육의 열렬한 지지자들조차 디지털기기는 결코 학교를 대체할 수 없으며, 학교를 보완하는 방식으로 존재해야 한다는 것을 깨달았다. 그리고 아이들의 학습 격차가 더욱 커진 교실에서 이전보다 더 진지하게 디지털 학습의 존재 의미를 증명해야 할 때가 왔다.

학습자를 배려하고
존중하는 마음

탄자니아라는 먼 나라, 학교조차 없는 시골 마을에서 한 번도 글자를 배워보지 못한 아이들에게 태블릿 소프트웨어가 도움이 되었다는 뉴스는 많은 사람들의 흥미를 끌었다. 사람들은 TV 다큐멘터리나 NGO의 후원 요청 영상을 보던 기억을 떠올리며 그 환경을 상상했고, 태블릿이 필요하다는 것을 쉽게 납득했다. 그런 대화를 하던 중에 누군가가 "한국에는 이런 기초 문해 제품이 필요한 곳이 없겠지요?" 하고 물었다.

아무리 학업성취도가 우수한 나라라도, 또 아무리 사교육으로 아이들의 성적을 끌어올리는 나라라도 학습이 어려운 아이는 어디에나 있다. 장애가 있는 아이와 배움의 속도가 늦는 아이가 있고, 가정 형편이 어려운 아이가 있다. 한국에서 이런 제품이 가장 필요한 아이들은 누구일까? 우리는 한글을 익히는 데 시간이 오래 걸리는 다문화가정과 이주 배경 아이들이라고 생각했다.

부모 중 한 명이 한국인이 아닌 가정을 주로 가리키던 '다문화가정'이라는 용어는 최근 '이주 배경'이라는 표현으로 바뀌는 추세라고 한다. 해외에서는 잘 쓰이지 않는 다문화가정이라는 용어가 적당치 않기도 하고, 부모가 모두 외국인이거나 해외에서 태어난 후 한국으로 이주하는 한국계 아이들도 늘고 있기 때문이다. 이런 아이들은 현재 약 16만 명으로, 초등학교에 입학하는 아이들의 4퍼센트 정도인데 계속 늘어나는 추세다.

우리는 이런 아이들에게 더 좋은 한글 교재가 있어야 한다고 생각했다. 그건 우리의 경험에서 나온 생각이었다. 에누마의 미국 사무실에서 일하는 사람 중 많은 수가 이민자로, 집에서 영어가 아닌 언어를 썼다. 우리는 이민자로서 캘리포니아 북부에 있는 학교들이 아이가 어릴 때 가족의 모국어를 말하도록 장려하는 것, 모국어를 쓰느라 영어 실력이 부족한 아이들을 위해 입학후에 별도의 영어 학습 프로그램을 운영하는 것, 이민자들의 고유문화를 존중하고 다른 구성원들과 공유할 수 있도록 학교로 초대해 자리를 마련해주는 것을 경험했고, 그런 배려로부터 긍정적인 감정을 많이 느꼈다. 그래서 한국의 이주 배경 아이들도 이런 경험을 하면서 배울 수 있기를 바랐다.

미국으로 이민한 후 만난 동네 선배들은 최대한 집에서는 한국어만 쓰라고 조언했다. 아이가 학교에 가면 어차피 영어를 주로 말하면서 한국어와는 자연스럽게 멀어질 거라고 했다. 어떻게든 한국어를 쓸 기회를 만들어두지 않으면 아이는 점점 영어만 쓰게 되고, 그러다 보면 영어가 익숙지 않은 부모나 친척과는 의사소통이 잘되지 않을 거라고 알려주었다. 또 나중에 세계시민으로서 이중언어 구사자가 가질 수 있는 다양한 직업 선택의 기회도 놓칠 수 있다는 것이다. 심지어 특수교육을 받아야 하고 이중언어를 배울 능력이 안 되는 첫째 아이를 키울 때도 그런 이야기를 들었다. 교사들은 부모가 익숙지 않은 말을 쓰려고 하면 가정에서 말이 줄어드는 결과를 낳고 그러면 언어 자극이 부족해서 아이에게 부정적인 영향을 끼친다면서, 부모가 편한 언어로 말을 최대한 많이 들려주는 것이 아이의 언어능력을 키우는 데 가장 좋다고 말해주었다.

이중언어를 구사하는 아이들은 단일 언어를 사용하는 아이에 비해서 아무래도 언어 구사 능력이 떨어지는 듯 보인다. 예를 들어 한국어 단어 2000개와 영어 단어 2000개를 아는 아이는, 해당 나이에 기대되는 영어 단어 3000개를 아는 아이에 비해서 알고 있는 단어의 수가 더 많지만 어휘력은 떨어진다. 영어가 부족한 아이를 위한 추가 학습 프로그램이 잘 갖춰진 미국 캘리포니아에서도 이중언어자가 단일 언어를 구사하는 아이와 비슷한 어휘력을 갖추게 되는 것은 13세나 되어야 가능하다고 한다. 그래도 장기적으로는 이중언어가 두뇌 계발에 더 좋은 영향을 미친다는 것이 과학적으로 증명되었고, 인생을 길게 보았을 때 부모와 친척과 교류할 수 있는 언어를 갖추고 이중언어자로서 두 개의 문화를 향유할 수 있다는 점은 큰 장점이라면서 이중언어 사용을 긍정적으로 이야기했다.

그런데 아직 다문화사회 초입인 한국은 이렇게 배경이 다양한 가족의 삶에 대한 배려가 충분치 않다. 2023년의 연구에 따르면 한국에서 다문화가정 아이들의 30퍼센트가 언어발달 지연이나 장애를 겪는다고 한다. 그런데 이런 언어능력 문제를 외국인 부모의 한국어 능력 부족 탓이라고 설명하는 경우가 흔하다.

대다수가 이주민인 우리 팀 사람들은 한국에 정착한 이주민들이 '엄마가 한국말을 못해서 아이들의 학업에 지장을 준다'는 식의 설명을 듣는 것이 안타깝고 속상했다. 아이가 어릴 때 부모가 가장 익숙한 언어로 아이에게 말해줄 기회를 충분히 가졌을까? 학교는 뒤늦게 한글을 익히는 아이들을 위한 한글 프로그램을 적절히 마련했을까? 아이들은 학교에서 환영받는다고 느꼈을까? 우리는 다른 사회의 한국계 이주민으로서 한국 사회의 이주민 가족에게 공감하고, 한국 사회가 이주 배경 가족에게 긍정

적인 경험을 주기 위해서 더 노력해야 한다고 느꼈다. 그런 마음
으로 시작된 프로젝트가 다문화가정 아이들의 한글 문해를 돕는
프로그램인 '에누마글방'이다.

∴

그 당시만 해도 우리는, 일반적인 시장에서 디지털로 한글을
가르치는 제품이 필요할 것이라는 생각을 깊이 해본 적이 없었
다. 전국에 몇만 명 정도인 이주 배경 가정 아이들을 위해서 제품
을 만드는 일이라고 생각했는데, 이렇게 하면 이윤이 남는 사업
이 되지 않으니 외부에서 지원을 받아 제작하는 임팩트 프로젝
트로 시작했다. 이를 위해서 '도서문화재단씨앗'에 느린 학습자
와 이주 배경 아동을 위한 도서 개발이 필요하다는 것을 설명하
고 지원금을 받았다.

문해 교육의 목적은 책을 읽을 수 있게 하는 것이다. 디지털 도
서는 음성으로 책을 읽어주고, 모르는 단어를 누르면 소리가 나
오고, 아이가 책을 다 읽으면 간단한 퀴즈를 풀게 하는 등의 다양
한 활동이 가능하다. 우리가 한글 교재를 만들기 전에 책부터 만
든 이유는 킷킷스쿨에서도 단계별 책을 구성하면서 제품 내의
문화적 배경을 맞추고 커리큘럼을 세울 수 있었기 때문이다.

우리는 킷킷스쿨을 만들면서 아이의 환경과 감정을 반영하고 실제 생활연령에 맞는 쉬운 책을 갖추는 일이 매우 중요하다는 것을 배웠다. 한국에서는 워낙 어릴 때부터 아이에게 글을 가르치니, 한글을 익히는 책들은 대상 연령이 아주 어린 아이에 맞춰져 있다. 우리는 짧은 단어와 그림, 혹은 아주 쉬운 문장으로 이루어진, 초등학교 아이들의 생활연령에 맞는 책을 만들기 시작했다. 한 페이지에 문장이 하나 나오는 쉬운 책이지만 초등학교에 다니는 아이가 읽어야 한다면 어떤 이야기가 재미있을까? 아이들이 공감할 만한 주제인 '학교에 가요', '혼자서 지하철을 타요' 같은 내용의 책이나, 알고 싶은 주제인 '세종대왕', '로봇과 드론' 등을 다룬 책이 만들어졌다.

우리가 만든 도서들의 또 다른 특징은 한국을 다문화사회로 묘사한 것이다. 등장인물 중에는 외국어 이름인 아이도 있었고, 구성원이 한국인으로만 이루어지지 않은 가족이 등장했으며, 아이들의 피부색이 다양한 교실이 묘사되었다. 피부색이 다르거나 이주 배경 아이들이 이 책들을 읽으면서 한국에서 환영받고 있다고 느끼기를 바랐다. 또 해외의 작가들과 함께 태국의 명절, 베트남의 맛있는 음식, 필리핀의 크리스마스 이야기 등을 담았고 부모와 함께 읽을 수 있게 이중언어로 제공하기도 했다. 열심히 만든 이 200권의 도서들을 도서문화재단씨앗과 함께 '두루책방'

이라는 이름의 무료 앱으로 공개했다.

이런 콘텐츠를 바탕으로 늦게 한글을 배우는 아이들을 배려해서 만든 한글 학습 프로그램이 '글방'이다. 기존에 갖고 있던 킷킷스쿨의 문해 프로그램을 뼈대로 했지만, 한글의 고유성을 최대한 살렸다. 자음과 모음의 소리를 익히는 활동, 자모를 모아서 형태를 만드는 한글의 특성을 반영한 재미있는 게임, 한글의 발음을 연습하거나 문장을 구성하고 받아쓰기를 연습하는 등의 활동이 가득 들어 있다.

학교에 들어가서 한글을 배우기 시작하는 상황이라면 꼭 이중 언어의 영향이 아니라 인지 능력의 문제로 학습에 어려움을 겪는 아이들도 많을 것이다. 그래서 느린 학습자들이 천천히 배우면서도 즐거움을 느끼는 데에 신경을 썼다. 아주 쉬운 단계에서부터 초등학생들이 익숙하게 여기고 좋아하는 사물과 언어를 사용했다. '글방'의 또 하나의 기능은 다국어 지원이다. 한국어가 익숙지 않은 부모가 아이들의 공부에 대해 알 수 있도록 부모 페이지에는 번역 기능을 넣고 중국어, 태국어, 베트남어, 영어로 읽을 수 있도록 했다.

느린 학습자와 다문화가정 아이들을 위한 한글 학습 프로그램 '글방'의 준비를 마친 것은 2020년 초였다. 처음에는 기업의 지원을 받아 전국의 취약계층 아이들을 대상으로 시범사업을 진행했다. 팬데믹으로 학교에 가지 못하고 공부방도 닫히자 특히 취약계층과 다문화가정 아이들이 학습에 어려움을 겪었고, 기초한글 프로그램의 수요는 계속 늘어났다.

우리는 이 제품의 일반 판매를 하지 않고 기업의 사회공헌사업, 지자체의 취약계층 사업, 교육부의 원격교육 사업 프로그램 등을 통해서 보급했다. 스타트업의 젊은 임원이었던 한 독지가는 팬데믹 기간 동안 제대로 공부하지 못한 전국 보육원의 아이들 2000여 명을 위해 1000대의 태블릿을 구해서 글방을 사용해 학습할 수 있도록 했다. 그 프로젝트를 통해 2년간 보육원의 아이들을 지원할 수 있었다.

코로나19 팬데믹 기간에 에듀테크의 수요가 늘어나고 토도영어가 인기를 끌자, 한글을 태블릿 학습으로 가르치는 것에 관심이 있는 부모들이 한글 프로그램을 출시할 거냐고 회사에 문의를 많이 했다. 그래서 우리는 '글방'의 이름을 '토도한글'로 바꾸고 상용으로 출시했다. 놀랍게도 이 제품에 대한 수요가 꽤 있었다. 일찍부터 영어유치원을 다녀서 제대로 한글을 배우지 못한 아이들이나, 비디오를 너무 많이 봐서 책 읽는 경험이 부족한 아

 내 기분은

 뱀이 다리가 없는 이유

 심부름

 수탉과 지렁이

 바닷속 탐험

나는 누구일까요?

Mình thường ăn sáng cùng ba ở một quán ăn gần trường. Ba thường cho mình ăn cơm sườn, bánh mì, xôi hoặc phở. Sáng nay mình ăn món bánh mì trứng ốp la. Đây là món yêu thích của ba và mình.

©Enuma

 Only in the Philippines

 Mình đã đến quán ăn Việt Nam

ปลาทูทอง

 게으른 거미 아난시

 할 수 있어요

Truyền thuyết Lạc Long Quân và Âu Cơ

우리가 만든 도서의 특징은 한국을 다문화사회로 묘사한 것이다. 피부색이 다르거나 이주 배경 아이들이 이 책들을 읽으면서 한국에서 환영받고 있다고 느끼기를 바랐다.

이들, 다문화가정 아이들이 섞여 있어 표준어 학습에 더 신경을 써야 하는 교실 등 다양했다. 팬데믹을 거치면서 부족해진 언어 능력 때문에 한글 학습과 문해력에 대한 관심이 많았다.

해외에서 한국 문화가 인기를 끌면서 해외에 거주하는 한국인들의 2세 한글 교육에 대한 관심도 이전보다 높다. 주말마다 한글학교에 다니던 둘째 아이도 집에서 한글 읽고 쓰기를 연습하기 위해서 토도한글을 썼다. 학교에서도 초등학교 저학년용 한글 학습 프로그램을 구매하는 곳이 빠르게 늘었다.

처음 이 제품을 구상할 때 우리는 아무리 학업성취도가 높은 나라에서도 학습이 어려운 아이들이 있을 거라고 생각했다. 하지만 그런 사람들을 물건을 사는 고객이 아닌 '도움을 받아야 하는 대상'으로 여겼고, 그들에게 제품을 팔 생각을 한 게 아니라 외부 지원금을 받거나 기부자를 모았다. 그렇지만 이런 방식은 제품을 충분히 퍼트리기에는 너무 제한적이었다. 그리고 세상은 그렇게 '도움이 필요한 아이'나 '느린 학습자', '그런 게 필요하지 않은 아이'로 딱 나눠지지 않았다.

지원 프로그램을 통해 배포하는 제품과 일반 판매용 제품 사이에서 한참 내부적으로 혼란을 겪은 후에야 우리가 한글을 익히는 데 도움이 필요한 아이들이 매우 소수일 것이라고 가정하고 외부의 기부를 받아야만 하는 존재로 구분 짓고 있었다는 점을 반성했다. 기부금을 모아서 소수의 아이들에게 무료로 배포하는 것보다 더 좋은 방법은, 제품을 일반 시장에 팔고 그 이윤을 바탕으로 업데이트를 하며, 학교와 지방자치단체 등이 공교육이나 공공 프로젝트로 제품을 구매해 사용하는 방법을 찾는 것이었다. 좋은 제품이기만 하다면 이 방법을 통해 학습이 어려운 아이들에게까지 가장 멀리 닿을 수 있으며, 이전에는 미처 파악하지 못했던 수요까지도 두루 살필 수 있다. 이 전략은 우리가 가장 잘 아는 것인데도 완전히 잊고 있었다. 뒤늦게나마 토도한글이라는 이름으로 많은 아이들에게 닿을 수 있게 되어 다행이었다.

특수학급과 개별화교육의 의미

'당신 아이도 에누마의 제품을 써서 학습을 잘하게 되었나요?'라는 질문을 종종 받는다. 나는 아이가 토도 제품을 사용해서 즐겁게 학습하는 것이나, 아이가 수학을 좋아한다고 말하는 것이 매우 기쁘다. 하지만 '학습을 잘한다', '성적이 좋다'는 것이 장애가 있는 아이에게 얼마나 중요한지에 대해서는 아이가 자라고 학년이 올라가면서 조금씩 생각이 바뀌었다.

첫째 아이가 초등학생 때는, 아이가 다른 아이의 속도에 맞춰 수업을 최대한 따라가는지의 여부가 우리에게 가장 큰 관심사였다. 아이의 초등학교는 완전통합교육을 실시하는 곳이었다. 장애 아이들을 모아놓는 학급이 따로 없고 모든 수업 활동이 일반 교실에서 이루어졌다. 25명이 있는 교실에서 장애가 있는 아이가 수업을 따라가는 것은 어려우니 전담 보조교사가 지원되었다. 개별화 학습목표에 따라 언어치료, 작업치료, 읽기 학습 지원 등을 위해 교실 밖의 장소로 혼자서 이동할 일이 있었지만, 어쨌든 수업은 일반 교실에서 다른 아이들과 함께 받았다.

비장애 학생과 장애가 있는 학생이 한 학교에서 공부하는 통합교육은 장애인 교육에서 아주 중요하다. 장애인의 인권과 의사가 무시되던 시절에는 학교에서 장애가 있는 아이들을 받아주지 않거나, 학교에 가더라도 분리된 교실에 모아놓고 제대로 된 교육을 시키지 않았다. 그러다가 1970년대에 인권운동의 연장선상에서 장애가 있는 모든 학생의 교육 권리가 보장되었고 통합교육이 적극적으로 도입되었다(한국은 2007년에 통합교육이 법제화되었다).

장애가 있는 아이들이 다른 아이들과 같은 교실에서 공부하면 기초 수준의 학습을 벗어나 다양한 과목과 주제를 공부할 기회를 가질 수 있다. 통합 교실에서는 장애가 없는 아이들과 장애가 있는 아이들이 서로 다른 사람이나 능력과 한계가 다양한 사람과 어울려 살아가는 법을 배울 수 있다. 통합 수업을 받는 아이의 성적은 특수교실에 분리되어 배우는 아이보다 확실히 높다. 이런 것을 근거로 통합교육이 실시되고 있는데, 그 '통합'의 정의와 정도는 학군마다 원칙이 조금씩 달랐다. 보통 통합교육이라고 하면, 특수학교를 별도로 운영하지 않고 일반 학교에서 장애가 있는 아이들을 담당하는 특수반을 운영하면서, 아이들의 장애 정도에 따라 일반 교실과 특수반 교실 사이를 오가며 최대한 일반 아이들과 학습할 기회를 많이 갖도록 하는 것이 가장 흔한 방식이다. 그런데 우리가 사는 도시의 학군은 완전 통합을 원칙으로 하는 곳이라서, 특수반을 아예 운영하지 않고 모든 아이들을 일반 교실에 배치했다.

처음에는 완전통합교육을 실시하는 학교라서 매우 좋다고 생각했다. 학교에는 전담 보조교사가 필요할 정도로 장애가 있는 아이들이 몇 명 있었는데, 이 아이들이 각 반마다 한 명씩 배정되었다. 이렇게 각 반으로 나누어두면 교사의 부담이 줄고, 학교의 모든 아이들이 통합 환경을 경험할 수도 있으며, 담임교사가 수업 중 손이 모자라면 보조교사의 도움을 받을 수도 있다. 아이는 학업에 충분한 수준의 보조를 받았다. 교사와 보조교사가 맞춤형 문제를 제공해주고 하나하나 단계를 잘라서 설명해주면, 아이는 난이도가 높은 문제도 곧잘 풀었다. 가끔 보조교사가 대신 필기해준 노트를 들고 오는 경우가 있었지만 좋은 도움을 받고 있는 것이라고 생각하고 안심했다.

그러던 어느 날, 집에서 아이가 혼자서 인형들을 둥글게 앉혀놓고 학교에서 다른 아이들이 둥글게 앉아 술래잡기를 하며 노는 것을 재현하고 있는 걸 본 후부터 아이의 사회적 관계에 신경이 쓰이기 시작했다. 우리 아이는 친구를 사귀고 싶어 하고 남들과 같이 있는 걸 좋아했지만, 의사소통 수준이 낮아서 같은 반 아이들과 잘 어울리지 못했다. 그리고 의사소통 수준이나 놀이 수준이 비슷한 장애가 있는 아이들은 모두 다른 반에 흩어져 있어서 그 아이들끼리 만날 기회가 없었다.

그래도 저학년 때는 반 아이들이 같이 어울려 노는 일이 꽤 있었고, 부모들이 신경 써서 생일파티에 서로를 초대하기도 했다. 그러나 학년이 올라가자 다른 아이들과의 차이가 점점 벌어졌다. 의사소통이 어려운 장애가 있는 아이에게 굳이 말을 걸거나 친절하게 대해주는 아이의 수가 줄어들었던 것이다. 수업의 난이도가 올라가서 따라가기가 어려워지니까 수업에 집중을 못해서 보조교사의 도움이 더 많이 필요했다. 아이가 보조교사에게 의존하면서 교실에서의 거의 모든 상호작용이 보조교사를 거치게 되었다. 그러니 어느새 아이는 교실에서 섬처럼 혼자 떨어져 있었다.

아이를 잘 대하는 친절한 특수교육 코디네이터와 전담 보조교사가 있었고, 담임교사도 충분히 배려해주었지만 아이는 학교에 별로 가고 싶어 하지 않았고, 수업 시간에 울거나 기분이 좋지 않았다는 연락이 오는 일이 많아졌다. 방과 후에 다른 아이와 어울릴 기회가 있는 것도 아니었다. 아이에게 친구를 만들어줄 기회를 찾기보다는 숙제를 시키고 언어치료실에 데리고 다니는 것만도 바빠서 아이의 사회생활을 전혀 생각하지 못했던 것이다. 뒤늦게 학교의 개별화 학습목표에 사회적 상호작용을 넣어보려는 시도를 했지만, 언어치료의 수준을 넘어가는 상호작용은 학습목표가 될 수 없다는 답을 들었다.

그러다가 아이가 다른 반 교실로 장애가 있는 아이들을 찾아가기 시작했다는 말을 들었다. 쉬는 시간에 그런 아이들을 마주치면 매우 반가워하면서 말을 걸고 같이 놀고 싶어 한다고 했다. 방학 중 추가 학습이 필요한 아이들이 모인 교실에서 다른 아이들을 도와주고 말을 걸면서 아이는 매우 행복해했다. 이런 광경을 몇 번 지켜보자, 차라리 특수학급에서 비슷한 수준의 또래들과 함께 있게 했다면 아이가 더 행복했을 것이라는 생각이 뒤늦게 들었다.

우리는 중학교는 완전통합 교실이 아니라 특수반을 운영하는 학교가 있는 곳으로 보내야겠다고 마음먹고, 특수교육의 원칙이 조금 다른 옆 학군으로 이사했다. 그렇지만 그해가 마침 팬데믹이 시작된 해라서 우리 생각처럼 되지 않았다.

아이의 중학교 첫 1년은 줌을 사용해 온라인수업으로 진행되었다. 재택근무 중인 나와 남편이 자연스럽게 아이의 수업을 옆에서 지켜보고 도와주었다. 우리 둘은 순번을 정해 아이의 학습을 도울 준비를 했다. 그런데 특수학급에서 진행되는 수학 수업에서 너무 낮은 수준의 문제를 풀고 있는 것이 아닌가. 초등학교 수학 시간에 면적을 계산하는 문제를 풀던 아이가 중학교에서 '10, 20, ( ), 40' 같은, 빈칸에 숫자 채우기 퀴즈를 풀고 있었다.

우리는 교사가 아이의 수준을 잘 몰라서 그런 것이라고 생각하고 교사에게 면담을 요청했다. 수학을 좋아하고 초등학교 내내 참을성 있게 문제를 풀던 아이니까 좀 더 도전적인 수준도 괜찮지 않겠냐고 우리가 이야기하자, 특수학급의 담임교사는 아이가 응용문제인 '1000, 2000, ( ), 4000'을 할 줄 모르더라고 했다. 그리고 우리가 말하는 수준의 초등 고학년 문제는 누군가 매번 문제를 설명해주고 여러 개의 작은 단계로 잘라서 각각 풀게 하는 식의 도움이 필요한데, 이런 도움 없이 쉬운 문제라도 혼자 풀고 이를 현실의 상황에 적용하는 법을 배워야 할 때라고 했다. 줌으로 수업을 하다 보니 다른 아이들과 수준을 맞춰야 하고 개별화 수업을 진행하는 것이 불가능하다는 사정도 있었다. 납득은 했지만 초등학교 내내 진도를 따라가기 위해 아이가 들였던 노력이 너무 아까웠다.

특수학급에서 배우는 수학은 너무 쉬워서 실망한 반면, 일반 수업에 배정된 과학 수업은 아이 수준에는 너무 어려웠다. 숨 가쁘게 진행되는 수업 중에 선생님이 화면으로 공유해주는 자료를 보면서 필기를 해야 했는데 반응 속도가 느린 아이에게는 불가능한 일이었다. 보조교사도 없이 줌으로만 진행되는 수업이다 보니 우리가 잘 도와줘야겠다고 별렀다. 아이의 과학 수업 시간에 옆에서 대기하고 있다가 선생님의 필기가 화면에 나오면 사진을 찍어두고 수업이 끝난 후에 아이가 받아 적도록 시켰다. 지형의 변화, 날씨와 기후, 달의 변화…. 아이의 노트는 빽빽하게 채워졌지만, 말을 거의 하지 않는 아이니 대체 뭘 진짜로 알고 뭘 모르는지 알 도리가 없었다. 우리는 과학 교사와 특수반 담임교사에게 "어떻게 도와주면 될까요? 아이에게 뭘 더 시킬까요?"라고 물어보았다. 성적을 더 잘 받기 위해서 집에서 추가 공부를 시킬 수 있도록 수업 노트나 자료를 받을 수 있을까 기대한 것이다. 그러나 선생님들은 의아해하면서 그럴 필요가 없다고 말했다.

개별화 맞춤형 학습이라고 하면 얼핏 듣기에 아이에게 딱 맞는 수준으로 가르치면서 조금씩 난이도를 높여 결국 100점을 맞게 해줄 것 같지만, 그보다는 학교에서 배우는 주제를 아이가 따라갈 수 있도록 도움을 제공하고 능력에 따라 수업시간에 하는 일을 그 아이의 수준에 맞춰서 평가할 수 있도록 지표를 제시하는 것이다. 수업이 끝난 후에도 남들보다 더 많은 시간을 노력하라고 밀어붙이는 것이 아니다.

통합 수업에서는 아이가 미처 이해하지 못하더라도 학년에 맞춰 문학, 역사, 과학, 문화, 수학 등 다양한 학습의 콘텍스트를 다른 아이들처럼 맛볼 기회를 준다. 아이가 고차원적인 주제를 이해할 능력이 되지 않는다고 해서 학습 주제를 회피하는 것이 아니라, 해당 주제의 큰 개념을 최소한으로라도 이해하게 하는 게 목표이다. 자기 수준에 맞게 열심히 필기해서 제시간에 제출하고 수준에 맞춰 제공되는 시험문제에 답하면 아이는 이미 해야 할 일을 다한 것이었고, 굳이 집에서 나머지 공부를 시킬 필요는 없었다.

백신이 보급되고 학교의 문이 열리자 아이는 신나게 등교했다. 장애가 있는 아이들 10명이 학년 구분 없이 모여 지내는 특수학급의 장점은 뚜렷했다. 아이는 항상 신나게 교실로 뛰어갔고 같은 반 아이들을 만나면 가까이 다가가 주먹을 쥐어 손등으로 툭 치며 인사했다. 친구들과 함께 밥을 먹고 같이 체육 수업을 받았다.

그러다가 학교를 들어간 지 7년 만에 처음으로 서로의 집을 방문해서 노는 친구가 생겼다. 또래보다 느리게 말하는 두 아이가 만나서 자기들의 속도로 시간을 보냈다. 자기들이 생각해낸 규칙으로 보드게임을 하기도 하고, 같이 장난감 블록을 쌓기도 하고 TV 프로그램을 보기도 했다. 딱 그 나이대의 중학생들이 서로의 집을 방문해서 할 만한 일이었다. 아이 친구의 부모도 우리도 그 광경을 보는 것이 항상 흐뭇했다.

아이가 태어나고 내가 학습 제품을 만들기 시작했을 때의 목표는, 아이가 학교에서 보낼 모든 시간들을 의미 있게 만드는 것이었다. 하지만 그 의미를 열심히 공부하고 최대한 성적을 잘 받는 것이라 생각했다. 수업을 잘 따라가기를 바라서 학습 앱을 만들기도 했고, 아이가 진도를 따라가고 숙제를 하도록 몇 시간씩 최선을 다해 집에서 도와주었다. 그런데 시간이 지나 아이가 청소년기에 접어들자 학교생활에서 중요한 것은 성적만이 아니라는 것을 깨달았다. 우리는 팬데믹을 기회로 학습에 힘껏 개입해 본 후에야 개별화 학습이 개별적으로 공부를 더 하라는 말이 아님을, 우리가 기존에 생각하던 '공부 잘하는 법'이 이 아이에게 중요한 게 아님을 알게 되었다. 그리고 우리가 "집에서 뭘 더 시키면 될까요?"라고 물었을 때 교사들의 어색했던 반응이 이해되었고, 조금 창피해졌다.

아이는 학교에서 12년을 보내는 동안 사회에서 독립된 성인으로 살아갈 준비를 한다. 이 아이가 살아가는 데 중요한 것은 함수의 그래프를 혼자 푸는 능력도 아니고, 지구의 자전과 공전을 배우는 것도 아니며, 조금 더 괜찮은 성적표를 받는 것도 아니다. 일단 사회생활을 하는 방법과 혼자서 판단하는 법을 배워야 했다. 다른 사람의 도움 없이 혼자서 교실을 찾아가고, 선생님의 지시를 듣고 따라 하고, 생각해서 문제를 풀고, 친구를 만나서 의미 있는 시간을 가지는 경험이 훨씬 중요했다.

우리는 학교에서의 모든 경험이 아이가 삶을 준비하는 과정이라는 것을 천천히 이해하게 되었다. 학교 교과과정과 성적은 그 과정의 아주 작은 부분이며, 성적이라는 지표에 대한 집착이 아이에게 더 중요한 배움을 훼방하거나 가릴 수 있다는 것을 깨달았다. 학교는 아이뿐 아니라 부모도 가르친다. 우리는 특수교육을 받는 아이의 어깨 너머로 많은 것을 배웠다.

4부

우리가
할 수 있는 일

에누마스쿨,
학교를 위한 디지털 도구

킷킷스쿨이 엑스프라이즈 대회에서 우승해 전 세계의 공교육기관에 제품을 납품하는 것이 우리의 목표였다. 아무리 잘 만들어진 제품이라도 사교육시장을 통해 배포해서는 교육격차를 줄이는 데 기여하기 어렵다고 생각했다. 특히 학습이 어렵거나 환경이 좋지 않은 아이들에게 양질의 학습을 제공하고 싶다면 학교를 지원해야 한다. 그러니 학교가 디지털 학습을 도입할 수 있도록 설득하고 증거를 만드는 것이 우리가 하는 일이었다.

공교육 시스템에 에듀테크를 도입하려는 노력이 계속 있었음에도 그동안 실패한 것은, 학습을 어중간하게 잘하는 아이들을 대상으로 제품을 만들어서는 디지털의 장점을 발휘할 길이 없기 때문이라고 생각했다. 그래서 기존에는 절대로 성공할 수 없는 극단적인 환경을 상상하며 제품을 만들었고, 아예 인터넷도 안 되고 교사도 제대로 있지 않으며 학습도 어렵고 다른 학습 수단이 없는 환경에서는 어떻게 하면 되는지를 증명했다.

그렇지만 팬데믹이 벌어지자 이런 가정이나 증명도 필요가 없었다. 킷킷스쿨은 인터넷이 전혀 없는 환경에서 외부의 관리자가 태블릿에 제품을 설치해서 배달하면 여러 명이 돌려가며 사용하는 방식을 가정하고 제작되었다. 그러나 팬데믹이 시작되니 커뮤니티센터도 문을 닫아버렸고, 극단적인 환경에 놓인 아이들에게 공부를 시키려고 노력하던 NGO들의 활동도 제한되어 사람이 직접 태블릿을 가져다주는 것이 어려워진 지역이 많았다. 일반적인 학교에 다녔던, 인터넷이 연결되어 있는 지역의 많은 아이들을 지원하는 것의 중요성이 오히려 높아졌다. 인터넷이 있는 환경에서 가정용 기기로 학습하거나, 학교를 며칠에 한 번씩 가는 원격교육 환경에 대응할 수 있느냐는 문의가 들어오기 시작했는데, 안타깝게도 킷킷스쿨은 이런 원격교육 상황을 대응하려고 설계한 제품이 아니었다.

조금 더 일반적인 환경, 즉 온라인으로 다운로드가 가능한 환경에서 원격으로 수업이 가능한 기초교육 솔루션이 필요했다. 원격교육을 위해서는 앱스토어에서 앱을 다운받아 스마트폰에 깔아서 사용하고, 데이터를 교사의 학습 관리 시스템(Learning

Management System, LMS)으로 보내서 취합할 수 있어야 했다. 또한, 꼭 학습이 어렵고 기초교육이 필요한 아이들뿐 아니라 다양한 수준에 대응해야 했다.

이런 제품이 필요한 것은 학교가 제대로 작동하지 않는 최빈국들보다는 재정적 여유가 있고 모바일 보급률이 높으며 교육개선에 관심이 있는 나라들이었다. 특히 필리핀, 인도네시아, 말레이시아 등의 동남아시아 국가들은 자원이 풍부하고 모바일 기반의 디지털경제가 빠르게 발전하는 나라들인데, 지역간 격차가 크고 아이들의 학력이 높지 않아 팬데믹 전부터 디지털 교육정책을 적극적으로 추진하고 있었다. 팬데믹을 계기로 이런 국가들에서 원격교육에 대한 관심이 계속 높아지자, 싱가포르의 비영리재단과 인도네시아의 기업에서 킷킷스쿨을 인도네시아 아이들의 원격교육을 위해 사용하는 프로젝트를 제안해왔다.

인도네시아는 1만 7500개의 섬으로 이루어진 나라다. 인구수가 2억 7000만 명으로 세계에서 네 번째로 많고, 해마다 400만 명이 넘는 아이들이 새로 태어난다. 섬이 많다 보니 300개가 넘는 민족들의 다양한 문화와 언어가 남아 있고 지역 간 교육격차가 심하다. 인도네시아의 투자자들은 교육 수준이 낮은 섬이나 시골 지역에서 아이들의 학습을 돕고, 영어 학습이 가능하게 하고 싶다는 바람을 말했다.

이 프로젝트는 단지 엑스프라이즈 대회에서 우승한 제품의 인도네시아 버전을 만드는 것이 아니라 아예 다른 언어와 문화를 위한 새로운 제품을 만드는 것이었다. 이 새로운 제품에 '에누마 스쿨'이라는 이름을 붙였다. 미국에서 킷킷스쿨 개발에 참여했던 인도네시아인 동료인 네시아가 콘텐츠 제작의 주축이 되어 인도네시아 커리큘럼 팀과 콘텐츠 팀을 구성했다. 본래 우리 팀은 한국과 미국에 흩어져 있었지만, 이렇게까지 다양한 곳의 사람들이 모이고 온전히 온라인으로만 일하는 것은 이번이 처음이었다. 네시아는 이주해 스웨덴에 살고 있었고, 현지 파트너십을 관리하는 사람들은 미국과 홍콩에 있었다.

대부분의 콘텐츠 개발 팀은 인도네시아에서 찾고 필드 테스트와 콘텐츠 소싱을 진행하기 위해서 인도네시아의 교육컨설팅 회사를 고용했다. 개발은 한국에서 진행했지만 대부분 재택으로 근무했다. 놀랍게도, 전원이 온라인으로 원격근무를 하는 상황은 꽤 자연스럽고 편했다. 한 번도 직접 만나본 적 없는 사람들을 믿을 수밖에 없는 상황이다 보니 온라인으로도 빠르게 신뢰가 형성되었다. 우리는 줌으로만 만난 인도네시아의 한 회사를 인

수해서 '에누마인도네시아'로 이름을 바꿨는데, 그들을 직접 만난 건 1년이나 지난 후였다.

킷킷스쿨의 경험을 이용해 만든 에누마스쿨은 완전히 새로운 제품으로, 인도네시아어와 수학, 영어 등 세 과목을 담았다. 자연물을 최대한 사용한 킷킷스쿨과 달리, 우주선과 헬멧 쓴 우주인 등이 등장하는 우주탐험 테마를 사용했다. TV와 인터넷이 있는 곳에서라면 우주와 우주탐험에 대한 테마가 자연물만큼이나 문화를 가리지 않고 쉽게 받아들여진다. 또한 많은 국가에서 STEM(과학, 기술, 공학, 수학) 과목에 아이들이 흥미를 갖게 하고 싶어 하는 경향도 반영했다. 교사들이 쉽게 관리할 수 있도록 형성평가, 수준별 학습, LMS 기능도 만들었다. 인도네시아에 이 제품을 배포하고 학교에 보급하기 위해서 KOICA로부터 5년간 인도네시아의 교사 교육과 디지털 역량 개발 사업에 대해 지원을 받았다.

2021년 가을부터 에누마스쿨이 인도네시아 각지의 학교에서 쓰이기 시작했다. 아직 학교가 예전처럼 정상화된 것이 아니라서 마스크를 쓰고 체육관에 서로 멀찍이 떨어져 앉아 수업을 받는 식이었지만, 지역사회와 아이들의 호응은 매우 높았다. 문해와 수리 성적이 오르는 것 외에도 아이들의 출석률이 높아지고, 지역 내에서 학교의 선호 순위가 오르며, 학생 등록률이 높아지는 등 긍정적인 변화가 많이 보고되었다. 이를 사용하고 있는 학교의 교장과 관리자들이 주변 학교와 각자의 지역 학군에 열심히 입소문을 퍼트려주어서 점점 더 알려지기 시작했다.

우리의 궁극적인 목표는 이렇게 KOICA나 현지 NGO의 도움을 받아 배포하는 것이 아니라, 정부가 세운 공교육 디지털 정책의 일부로 우리 제품이 사용되는 것이다.

인도네시아는 최근 교사가 아이들의 수준에 맞춰 자율적으로 교육과정을 설계할 수 있는 마르데카 교과과정을 도입했다. 교사들이 교실 상황에 따라 학년 기준을 바꾸는 것까지 허용된다. 어느 나이에는 몇 학년 수업을 받아야 한다는 식의 획일적인 교육과정을 따라가는 것이 아니라, 교육과정을 간소화하고 핵심역량에 초점을 맞추고 학생의 요구와 수준에 맞춰 자체 교육과정으로 지도하는 것을 허용하는 것이다.

사실 팬데믹 이후 교육격차가 극심한 상황에서 교사가 자율적으로 학생의 상황에 맞는 맞춤형 커리큘럼을 사용할 수 있도록 허용하는 것은 꼭 필요한 변화다. 이를 효과적으로 진행하기 위해서는 대규모의 교사 역량 교육과 교수 지원을 해야 하고, 아이들의 실력을 평가하고 유연하게 콘텐츠를 배포해서 교사를 도울 수 있는 디지털 도구가 필요하다. 에누마스쿨은 이런 교육과정의 변화에 잘 맞는 디지털 솔루션이었다. 에누마는 인도네시아

교육부의 협력 파트너가 되었고, 지역 교육청 대상의 사업을 활발히 진행하고 있다.

　다른 국가에도 에누마스쿨이 퍼져나갔다. 인도네시아어와 뿌리가 같은 말레이시아어로는 빠르게 번역이 이루어졌다. 3학년 때까지 기초학력을 달성하지 못한 아이들의 기초학력 지원에 사용하기 위해서 정부기관의 펀딩을 받았다. 자국어 문해 과목이 없더라도 영어로 제공되는 기본 버전을 쓰고자 하는 곳도 많았다. 아이들 수백만 명이 글을 읽을 수 없는 파키스탄의 신드주에서는 교사가 부족하고 아이들의 연령이 제각각인 지역공동체 학교에서 에누마스쿨을 도입해 큰 성과를 거두고 있다. 라틴아메리카의 니카라과에서도 영어 공교육을 위한 프로젝트가 미주개발은행의 지원으로 시작되었다.

　팬데믹 이후 각 나라마다 학교에 필요한 솔루션을 유연하게 모색하고 있는데, 기초교육을 잘 가르치면서도 학교의 요구에도 맞는 제품은 매우 귀하다. 에누마스쿨은 더 많은 나라에서 더 좋은 쓰임새를 증명해나갈 것이다.

　다양한 요구를 수용해 최고의 제품을 만들기 위해 애썼지만,

아쉬운 점이 벌써 많이 보인다. 특히 기초학력을 우선으로 하다 보니 초등 1~3학년 정도의 커리큘럼을 담았는데, 코로나 기간 동안 워낙 학력 격차가 커져 한 반에 앉아 있는 초등 1~6학년 수준에 모두 대응했으면 하는 요구가 생겼다. 초등학교 3학년 수준의 기초학력만 잘 가르치면 된다고 너무 일찍 한계를 정해놓은 것이 아니었을까 되돌아보았다.

이전에는 디지털 도입에 대한 공교육의 요구가 이렇게 빨리 거세지리라고 생각해본 적이 없었다. 시장의 요구보다 앞선 제품을 만들어서 숨 가쁘게 배포했다고 생각해도 시장은 기업의 좁은 시야를 넘어 더 빠르게 변한다. 아무리 팬데믹이라는 커다란 사건이 있었다지만, 교육에 대한 근원적인 생각과 요구가 몇 년이 안 되어 바뀌어버리니 따라가기가 벅찼다.

사실 어디보다도 혁신적인 생각들이 빠르게 논의되는 곳이 전 세계의 공교육 영역이다. 미래세대의 교육에 대한 논의, 새로운 기술의 영향에 대한 논의, 교육의 방향에 대한 지침은 국제기구의 교육분과, 싱크 탱크, 각 나라의 교육부에서 만들어지고 빠르게 전파된다. 공교육 정책은 유행에 민감하고, 정책가들은 최신 기술 도입에 적극적이다. 미국에서 아이패드를 가장 먼저 구매한 것은 부모가 아니라 학교였다. 한국에서는 사교육시장에서 온라인학습이 대중화되기 전에 교육방송과 사이버대학이 먼저

©Enuma

학습이 어렵거나 환경이 좋지 않은 아이들에게
양질의 학습을 제공하고 싶다면 학교를 지원해야 한다.
그러니 학교가 디지털 학습을 도입할 수 있도록
설득하고 증거를 만드는 것이 우리가 하는 일이었다.

만들어졌다. 사교육시장이 디지털을 도입하기 한참 전부터 여러 국가에서 디지털교과서 사업들이 추진되었다.

그러나 이런 디지털교과서 사업의 문제는 교육정책가들의 높은 기대와 당시에 준비된 제품 사이의 큰 격차였다. 정책가들은 기술이 가져다줄 혁신을 믿으면서 구매를 결정하는데, 정작 학교에 납품되는 제품들은 혁신에 필요한 수준의 품질에 그렇게 빨리는 도달하지 못한다. 에듀테크 프로젝트에 대한 실망감이 쌓이고, 더 발전한 새로운 정책이 제시되어도 이해관계자들이 도무지 기대해주지 않는다.

나는 그동안 전 세계의 공교육에서 발 빠르게 진행하고 거듭해서 실패하는 에듀테크 정책이 잘 이해가 되지 않았다. 그때만 해도 나는 에듀테크가 학습이 가장 어려운 아이들만 도와도 충분하다고 생각했었다. 그래서 "왜 저렇게 실패할 일만 하는 걸까요. 굳이 모든 아이들에게 적용하려 애쓰지 말고 학습이 어려운 아이들만을 위한 제품을 도입했으면 되는 거잖아요. 높은 분들이 기술을 이해 못 해서 저러는 거겠죠"라고 투덜거렸다. 회사의 자문역이자 교육공학 전문가인 이인숙 교수님은 무슨 말이냐는 표정을 지었다.

"수인 대표가 크게 잘못 생각하고 있는 게 있어. 교육정책가와 교육공학자들이 변함없이 바라는 목표가 있어. 모든 아이들에게 역량에 맞는 개별화 맞춤형 콘텐츠를 제공해주고, 교사가 다양한 학생들을 위한 전략을 세우고 이끌어줄 수 있도록 돕는 거지. 그건 오래전부터 한 번도 변한 적이 없어. 하지만 에듀테크는 아직 기대하는 만큼의 역할을 해주지 않았어. 그러니까 매번 새로운 기술이 나올 때마다 시도해보는 거야. 이번 기술로는 가능할까, 이 최신기술을 어떻게 쓰면 조금이라도 원하는 목표에 가깝게 갈 수 있을까 하고 말이지."

어둠 속에서
무얼 할 수 있느냐고 묻는다면

스타트업의 성장 단계에는 '죽음의 계곡'이라는 구간이 있다. 처음에 외부 투자를 받아 제품을 만들고 이 제품이 돈을 벌어 흑자를 낼 때까지의 시간을 일컫는 말이다. 많은 스타트업이 이 구간을 빠져나오지 못하고 문을 닫는다. 최대한 빨리 이 구간을 빠져나와 영업이익을 냄으로써 사업을 성공시키는 것이 스타트업의 목표이므로, 이 기간에는 한눈팔지 않고 온 힘을 다해 성장과 성공에 집중하는 것이 전략적으로 가장 옳다.

그렇지만 우리는 처음 회사를 시작할 때부터 이런 경고는 귓등으로 흘리고 돈이 안 될 것이 확실한 일에 자원을 분산해댔다. 미션을 중요하게 생각하는 회사로서 사려 깊은 전략이었다기보다는 미숙한 CEO의 치기에 가까웠다. 제품디자이너로서 나는

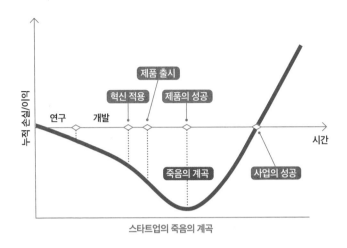

스타트업의 죽음의 계곡

장애가 있거나 학습이 어려운 아이들을 위한 새로운 기능을 고안하는 것을 좋아해서 기회가 있을 때마다 팀에게 이런 제품을 만들어보자고 우겼다. 자폐가 있는 아이들에게 사진을 통해 일상을 준비시키기 위한 스토리 앱, 자폐가 있는 아이들을 위한 애플워치용 스케줄러, 언어장애가 있는 아이들을 위한 애플워치와 아이폰용 대체의사소통 도구, 탄자니아 청각장애 아이들을 위한 킷킷스쿨 수화 모드 같은 것이 틈틈이 만들어졌다. 제품은 예쁘게 만들어졌으나 돈을 벌 방법이 없었다. 특히 신기술을 활용한 제품은 기존에 장애가 있는 사람들의 습관에 들어맞지 않아서 그리 인기 있지도 않았다. 또 이런 식의 제품은 사용성을 까다롭게 맞춰야 하니 가장 훌륭한 자원들이 투입되고, 그러면서 잃어버리는 기회비용도 높았다.

엑스프라이즈 대회를 계기로 우리는 이렇게 닥치는 대로 만드는 것이 아니라, 회사의 중심인 기초교육 콘텐츠를 중심축에 두고 두 개의 시장에서 사업을 진행하는 전략을 세웠다. 일반 시장에서 판매하는 토도수학, 토도영어, 토도한글은 전통적인 학습지 시장을 디지털로 전환한다. 이미 고객이 존재하는 한국, 일본, 중국, 미국 등의 사교육시장에 제품을 판매하는 것은 예측 가능한 사업이다.

그러나 이것만으로는 우리가 원하는 목표에 이를 수 없다. 우리는 학습이 어려운 아이들이 우리 제품을 써서 실패를 줄이고 공부하는 즐거움을 얻기를 바라는데, 학교 밖에서 판매하는 방식으로는 사교육을 받을 환경이 되지 않는 아이들에게 제대로 닿기가 어렵기 때문이다. 공교육에 제품을 판매하고 싶은데 대부분의 국가에서는 이제 정책이 막 만들어지는 중이고, 어떤 제품을 사야 하는지 어떤 예산으로 사야 하는지조차 결정되지 않은 상태다. 디지털 교육을 서두르면서 섣부르게 외주로 제품을 만들거나 자기 나라 환경에 맞지 않는 제품을 도입했다가 실패한 나라들도 있다. 그러니 우리가 닿고 싶은 개발도상국에서 공교육 시장을 창출하려면 잘 만들어진 제품을 먼저 보여주고 정책을 함께 만들어나가는 노력을 해야 했다.

교육 개발협력 분야의 전문가로 IT 스타트업과 비영리조직에서 오래 경력을 쌓은 김현주가 합류해 이를 전문으로 하는 팀을 꾸리고, '임팩트 팀'이라는 이름을 붙였다. 그는 중구난방으로 들어오는 기회 중에서 우선순위를 가려내기 위해 계속 질문을 던졌다. "우리가 이 일을 해야 하는 이유가 무엇인가? 이 사업이 성공했을 때 기대할 수 있는 다음 스텝이 존재할까?" 공교육이라는 말을 붙였지만 정부 차원에서 특정 교육 제품을 구매하는 일이 실현되기까지는 아주 오랜 시간이 필요하다. 그래서 일단 정부와 직접적인 관련이 없더라도 학교에서 적은 예산으로라도 디지털 제품을 써보려는 프로젝트를 만날 때마다 최선을 다해서 돕기로 했다.

이렇게 새로운 나라에서 시작되는 소규모 프로젝트들은 제품을 배달하고 사용자를 훈련하며 성과 측정을 돕는 비용이 제품의 라이선스 비용보다 더 많이 든다. 그래도 열심히 파트너를 늘리고 학습이 잘된다는 증거를 모으면 그 지역의 행정가, 학교 운영자, 학부모 등 이해관계자들 사이에서는 디지털을 교육에 어떻게 사용해야 할지에 대한 이해가 생기고, 우리 제품에 관심이 있는 다른 지역의 학교들도 확신할 수 있을 것이다. 그리고 이런 입소문을 기반으로 더 확산시킨다.

그렇게 진행한 프로젝트들이 조금씩 확대되어 몇몇 국가에서 의미 있는 기회를 얻기 시작했다. 8년간 다양한 사업을 함께 진행한 KOICA 외에도 몇 년에 걸쳐 함께 일하는 파트너들이 생겼고, 조금씩 더 큰 규모의 프로젝트에 도전할 수 있었다.

임팩트 팀은 현재 전 세계를 대상으로 디지털 전환 프로젝트가 가능한 곳이 어디인지를 확인하고, 프로젝트 지원금을 확보하기 위해 제안서를 쓰고, 다양한 기회에 에누마스쿨을 소개하고, 제품을 채택한 학교에서의 사용을 지원하고 교사를 교육시키며, 연구를 수행하고, 그 외 모든 필요한 일과 가능한 일을 한다. 사업 조직이라기보다는 기회가 있는 쪽으로 끊임없이 방향을 바꾸는 탐색 조직이다.

여전히 이윤을 계산할 수 있는 사업이 아니다 보니 외부 지원금이나 한정된 예산 내에서 일해야 하고, 필요한 프로젝트의 예산을 따오기 위해서 끊임없이 벽에 부딪힌다. 이 독특한 부서가 에누마의 정체성을 형성하는 두 가지 특징 중 한 축이다. 학습이 어려운 아이도 사용할 수 있는 멋진 제품을 만드는 것, 그리고 그 제품을 쓰는 공교육 시장을 만들어내려고 노력하는 것.

엑스프라이즈 대회에서 우승하기 전에는 영리를 추구하는 스타트업이 사회적 목표를 이루려는 임팩트 팀을 병행한다는 것을 이해하는 사람이 많지 않았다. 영리회사의 사회적 활동으로 상상할 수 있는 모델이라고 해봐야 돈을 번 후에 비영리재단을 만들어 기금을 마련하거나, '부유한 국가에 하나를 팔면 개발도상국에 하나를 기부한다' 같은 1+1 모델이었다. "돈을 벌려면 돈을 벌고 착한 일을 하려면 착한 일 하는 데 집중해야지 두 개를 동시에 좇을 수는 없다"든가, "수단과 방법을 가리지 말고 돈을 최대한 많이 번 다음 그걸로 자선사업을 하면 된다"든가, "차라리 회사를 하지 말고 비영리단체로 바꿔서 기부금을 받아라" 같은 조언을 많이 들었다.

그렇지만 세상은 빠르게 변했다. 기업이 사회에 기여하면서도 투자자들에게도 좋은 이익을 가져다줄 수 있다고 믿는 임팩트 투자가 활성화되었고, 기업이 주주의 이익뿐 아니라 환경, 커뮤니티, 지배구조 등 이해관계자 모두를 고려해야 한다는 ESG의 개념이 확산되었다. 기존의 기업활동이 주주에게 금전적 이익을 돌려주는 데만 몰두해서 지역사회와 지구의 지속가능성에 많은 문제를 가져왔다는 것을 반성하고, 기업이라는 강력한 구조를 사회문제를 해결하려는 동력으로 활용하려는 것이다. 에누마를 지원하는 임팩트 투자자들은 단순히 자금을 지원하는 데 그치지 않고, 회사가 만들어내는 임팩트를 측정하거나 적극적으로 회사의 전략을 도와서 변화를 함께 만들어내려고 한다. 혹 에누마가 성공하지 못하더라도 그것이 '돈을 벌고 나서 자선하라'는 조언을 따르지 않아서거나, 사회적 기업이라는 말이 불가능한 모델이라서는 아닐 것이다.

그래도 우리가 세상에 얼마나 도움이 되는지는 끊임없이 고민한다. 선진국의 열성적인 학부모들에게도 물건을 팔고 개발도상국의 공교육 시장을 위한 임팩트 프로젝트도 하면서, 이 두 세계의 간극이 계속 벌어지는 것을 보고 있자면 멀미가 난다. 처음 엑스프라이즈 대회를 시작하던 2014년에 2억 5000만 명이라던 전 세계의 문맹 아동은 팬데믹을 거치며 크게 늘었다. 한 시대의 아이들 사이에 100년의 차이가 있다던 교육격차도 기술이 발전함에 따라 더 벌어졌다. 팬데믹 이후에 대규모 학습 손실이 드러났지만, 2023년 전 세계 국가의 3분의 2는 팬데믹 전보다 교육재정이 줄어들었다. 팬데믹 기간에 학교를 닫게 되어 쓰이지 못한 예산은 백신과 식량을 구입하는 데 사용했다. 팬데믹이 지나간 후 고유가와 전쟁, 인플레이션이 밀어닥쳤기에, 임시로 가져왔던 예산을 아이들의 미래를 위해 되돌려놓을 수 있는 나라는 별로 없었다. 이런 통계를 보면 우리가 과연 무언가를 이룰 수는 있는지, 우리가 발버둥 친다고 해서 뭐가 달라지기는 할지 힘이 빠지기도 한다.

일반 스타트업도 죽음의 계곡을 벗어나 살아남기가 어려운데,

투자자와 동료에게 가져다줄 '사업적 성공'과 자신이 변화시키고 싶은 '가치 있는 미래'라는 두 개의 목표를 같이 좇는 사회적 기업은 어려움이 더 크다. 슈바프 재단 주최로 하버드대에서 진행된 사회적 기업가 교육 프로그램에 참석했을 때, 한 기업가가 최근에 겪은 개인적인 어려움을 토로하면서 사회적 기업가들이 일반적인 기업가들에 비해 정신적 문제나 가족의 붕괴를 겪을 가능성이 더 높다는 통계를 언급했다. 아직 이 바닥에서는 한참 초짜인 나는 30~40년간 이 일을 해온 다른 사람들의 얼굴을 휘휘 둘러보고는 "다들 어떻게 버티세요?"라고 물었다.

나는 세상의 상황은 점점 나빠지는 것 같은데 오랫동안 마음을 바쳐 해온 일로는 아무것도 바꾸지 못할까 봐 무서웠고, 애초에 두 마리를 좇는 불가능한 일을 시작한 것부터 잘못 아니었을까 생각할 때가 종종 있었다. 함께 프로그램에 참여한 사회적 기업가들은 매우 친절하고, 항상 웃으며 열정적으로 이야기하는 사람들이었는데, 그중 일부는 사회정의구현이나 빈곤 퇴치, 기후변화 등 도무지 개선될 것처럼 보이지 않는 문제들을 위해 일하는 사람들이었다. 그럼에도 불구하고 어떻게 그리 긍정적일 수 있는지 이해할 수 없었다.

내 물음에 그들은 이렇게 대답했다. "우리가 이 작은 힘으로 세상을 모두 바꿀 수 없다는 건 알고 있지만, 작은 촛불이 켜져 있는 것이 완전히 어두운 것보다는 낫지."

∴

몇 년 전 회사의 재정문제가 심각했을 때 한 투자자가 나에게 진지하게 말했다. "무슨 마음으로 회사를 하든 얼마나 좋은 뜻이 있든 간에 스타트업은 돈이 떨어지면 죽어요. 거기가 끝이에요. 어떤 것도 변명이 되지 않아요."

변명 같지만 스타트업이라는 게 그리 건강하게 오래가는 조직이 아니다. 앞에서 소개한 '죽음의 계곡' 그림은 틀렸다. 저렇게한번 죽음의 계곡을 빠져나간다고 해서 계속 성장해 해피엔딩으로 끝나는 것이 아니라 다음 죽음의 계곡을 넘고, 또 투자를 하고 성장하고, 그만큼 위험해지니 계속해서 죽음의 계곡을 넘어야한다. 스타트업의 70퍼센트가 10년을 살아남지 못한다는 통계가 있으니 그 전에 죽는 일이 아주 못난 창업자만 겪는 비참한 패배인 것은 아니다.

하지만 그의 말이 무조건 옳다. 만약 회사가 문을 닫는다면 모든 서비스가 끝나고, 어떤 좋은 마음도 우리가 닿고 싶던 아이들에게 닿을 수 없다.

다행히도 우리는 '벤처투자를 받은 영리 목적의 사회적 기업'

이라는 독특한 존재로서 여전히 살아 있다. 투자자의 이익을 최우선하는 영리기업으로 투자금 대비 몇 배의 이익을 회수할 것을 기대하는 전문 벤처캐피털의 투자를 받았다. 그러면서도 제품의 개발에서는 학습이 어려운 아이를 돕는다는 미션을 중시하고 영리적 기대 없이 사회적인 가치를 중시하는 프로젝트도 계속 진행하기 때문에 사회적 기업이라는 정의에도 부합된다. 이윤을 내어 지속가능한 단계에 이르지 못했는데 계속해서 성장이 필요하니 영리 목적의 투자도 받고, 임팩트 목적의 투자도 받고, 상금이 걸린 대회에도 나간다. 임팩트 사업을 위해서는 공공 영역의 지원금도 받고, 회사나 재단의 지원금도 받으며, 물건을 팔아 돈을 벌어서 계속해서 투자한다.

엑스프라이즈 대회가 끝났을 때, 우리는 '10년 안에 최소한 하나의 나라에서 공교육의 디지털 전환이 이루어지는 것을 돕겠다'는 목표를 세웠다. 디지털이 도입되었을 때 학습이 어려운 아이들을 제대로 돕지 못한다면 대규모 전환은 일어나지 않을 것이다. 그러니 앞으로도 열심히 학습이 어려운 아이들을 도울 방법을 찾아야 한다.

우리가 모든 일을 제대로 했다면, 촛불을 꺼뜨리지 않았다면, 언젠가는 우리의 모순이 하나로 합쳐질 것이다. 일반적인 아이들을 위한 시장에 물건을 팔면서도 학습이 어려운 아이들을 위한 프로젝트를 하고 공교육 시장의 문을 두드리는 모순 말이다. 미래의 어느 순간 우리가 지나온 날을 뒤돌아보며 '그때 우리는 왜 교육회사가 돈을 버는 일과 학습이 어려운 아이를 돕는 일이 다른 일이라고 생각했을까' 하면서 하하 웃을 그런 날이 오기를 바란다.

AI 시대를 살아가는 아이에게

둘째 아이는 출산예정일에 태어나 성장발달표의 표준을 따라 자랐고, 남들이 걸을 때 걸었다. 우리가 가르치지 않아도 어느새 글자를 읽고 숫자를 세는 일을 하고 있고, 새로운 정보를 밖에서 배워서 알고 있어서 우리를 놀라게 했다. 아이들은 각각 다르게 자란다고 하지만, 워낙 일반적이지 않게 자란 첫째 아이를 기를 때와는 전혀 다른 경험이었다.

첫째를 기를 때는 전문가가 아닌 주변 사람들의 말에 신경 쓸 필요가 거의 없었다. IEP 팀이 붙어 있어서 전문가들이 정기적으로 아이를 평가하고 계획을 짜주고 상담을 해주니 다른 부모들이 뭘 하고 있는지가 궁금하지 않았다. 전문가들이 '잘한다', '아이가 잘 큰다', '부모가 잘하고 있다'고 계속 칭찬하고 추임새를 넣어주니 부모로서의 자존감이 어느 정도 해소되어서 내가 잘하고 있는지 딱히 고민하지 않았다.

그런데 둘째 아이를 기를 때는 전문가가 옆에서 도와주지 않으니 육아에 확고한 원칙을 세울 수가 없었다. 소아과의사는 아이를 슬쩍 보고 바로 진료실에서 나가버려 육아에 대한 상담을 할 시간을 주지 않았고, 학교도 담임교사와의 30분 상담이 전부였다. 그래서 정보가 부족하니 다른 부모에게 묻기도 하고, 다른 아이들은 뭘 하고 있나, 우리 애가 잘하는 건가 비교도 했다. 게다가 아이에게 강한 욕구와 자기주장이 있으니 내가 세운 원칙이 있더라도 아이와 타협하고 맞출 수밖에 없었다. 다양한 선택지 앞에서 아이를 어떻게 키워야 할지에 대한 고민을 첫째 때보다도 훨씬 많이 했다.

둘째 아이는 어릴 때부터 각종 기기에 둘러싸여 자랐다. 부모가 새로운 IT 제품을 실험해보는 걸 좋아하고 컴퓨터 앞에서 하루 종일 시간을 보내는 사람들이니 당연한 일이었다. 시계를 읽기 전에 AI 스피커에 시간 묻는 법을 배웠고, 신제품 게임기나 태블릿, VR 기기를 만져보는 것을 당연하게 생각했다. 무엇보다 우

리 집 아이라면 당연히 에누마 제품 테스터로 일해야 했다. 둘째
는 12개월이 되기 전에 토도수학을 했고, 세 살이 되자 해야 할
일에 토도영어와 토도한글이 추가되었다.

둘째 아이는 첫째와 전혀 다른 유형의 제품 사용자여서 관찰
하는 게 재미있었다. 나는 주로 학습이 어려운 아이들 관찰에 신
경을 썼기에 빨리 배우는 사용자를 가까이서 본 것은 처음이었
다. 아이는 빠르게 개념을 이해했고, 쉬운 문제를 만나면 바로 지
루해했다. 그렇다고 어려운 문제에 아득바득 도전하는 것도 아
니고 모르는 부분을 만나면 쉽게 짜증을 냈다. 아마 우리 고객 중
많은 아이들이 이런 유형에 속할 것이었다. "너는 AI 연산이나 해
야겠다." 나는 의견이 많은 우리 집 테스터가 "이 문제는 너무 쉬
워", "이 문제는 너무 어려워" 하고 종알종알 비평하는 것에 스트
레스를 받아서, 답을 맞히는 것에 따라서나 결과에 따라서 문제
의 난이도가 바로바로 변하는 토도수학의 연산 기능을 열어주었
다. 아이는 맞춤형 문제에 불평 없이 몰입했다.

둘째 아이는 나에게 새로운 도전과제가 되었다. 첫째 아이와
달리 이 아이는 우리 부부의 어린 시절과 비슷한 데가 많아서 이
해가 쉬울 것 같았지만, 이 아이가 자라는 환경은 내가 자란 것과
너무 달랐다. 책이 넘쳐나고, 넷플릭스와 디즈니플러스에 평생
을 봐도 다 못 볼 분량의 비디오가 있으며, 노래를 들으려면 애플

뮤직에 무엇이든지 있으니, 뭘 골라도 무한한 분량의 선택지가 있다.

둘째는 한참 고민한 끝에 '선택하지 않는다'고 결론을 내는 경우가 많았다. 가게에서 수많은 맛의 아이스크림을 놓고 고민하다가 먹지 않겠다면서 돌아서 나오는 것을 처음 보았을 때는 너무 황당했지만, 곧 이해했다. 둘째가 살아가는 세상은 풍요와 자극 과잉의 시대다. 쏟아지는 자극을 조절하고 자기의 흥미를 끌지 않거나 맞지 않는 것을 끊어내어 자신의 세계를 만들어야 한다. "나 이거 그만할래." 이 아이에게는 재생 버튼보다 멈춤 버튼이 더 의미가 있었다.

둘째 아이는 부모가 주는 다양한 선택지 사이에서 자기 취향을 조금씩 골라나갔는데, 그러다가 킨더에 들어간 후에 자기가 좋아하는 활동으로 그림을 골랐다(미국의 킨더kindergarten는 '유치원'으로 번역되지만 미국 학교의 첫 학년이다. 킨더의 다음 해가 1학년이다). 미술 전공자인 나는 그걸 알았을 때 매우 당황했다. "아이고, 네가 아무리 그림을 잘 그려도 AI가 무조건 너보다 더 잘 그릴 텐데…." 2023년 초는 마침 생성형 AI의 캄브리아기라고 불리던 시기였다. 나는 아이가 색연필을 들고 그림을 그리는 책상 맞은편에서 생성형 AI 아트를 테스트하고 있었다. 생성형 AI 아트는 내가 원하는 장면을 텍스트로 묘사하면 AI가 그림을 그려내는 기술이다. 예를 들어 '라면을 먹고 있는 할아버지의 얼굴을 아트 포스터 풍으로 그려줘' 같은 식으로 텍스트를 입력하면 사람이 그린 듯한, 혹은 사진과 같은 멋진 그림이 그려진다. 나는 중학교 때부터 입시미술을 준비해서 예술고등학교를 거쳐 미술대학를 졸업한 후 일러스트레이터로 일했지만, 그림 실력이 충분치 못해서 직업을 바꿔야 했다. AI는 내가 일러스트레이터로 일하려고 노력했을 때 그리고 싶었던 수준의 그림을 눈 깜짝할 사이에 그려낸다. 내 생각대로 스타일과 배경을 바꿔서 백 장이고 천 장이고 원하는 그림을 얻을 수 있다.

그림뿐만이 아니다. 챗지피티(ChatGPT)와 거대 언어 모델(LLM)을 사용해서 글을 쓰는 AI는 말할 것도 없고, 번역하는 AI, 작곡하는 AI, 동영상을 만드는 AI, 프로그래밍을 하는 AI가 숨 가쁘게 발전하고 있다. 2022년 이전의 우리였다면 딸이 글을 쓰고 그림을 그리는 것을 보며 이 아이의 대학 전공으로 무엇이 좋을지 나중에 뭐가 될지 이것저것 기쁘게 상상했을 것이다. 하지만 AI가 폭발적으로 발전하는 시대에 막 학교에 발을 디딘 딸을 바라보는 우리의 심경은 매우 혼란스러웠다. "13년 후에는 뭐든지 AI가 재보다 잘할 텐데?" 이미 인공지능은 다양한 분야의 전문가 자격 시험에서 대부분의 인간 경쟁자들보다 우월한 수준의 점수를 내고 있다.

'정상적인' 아이가 태어났을 때 우리 부부는 생각했었다. 이 아이는 학교에서도 잘 배우고 괜찮은 직업을 갖고 독립하겠구나, 미술을 전공할 수 있을 정도로, 컴퓨터공학을 전공할 수 있을 정도로 성적을 받고 원하는 대학에 들어가 원하는 직업을 선택할 수 있겠구나. 하지만 지금 우리가 직면한 이 새로운 세계에서는 학교에서 특정 직업을 갖는 데 필요한 기술을 딱 맞게 배우지 못할 것이다. 직업으로 정의될 수 있을 정도의 작업이라면 이미 AI가 다 할 수 있다. 전문성을 갖추기 위해 10년, 20년씩 훈련해야 얻을 수 있었던 고급 기술의 대부분은 이미 AI의 도움을 받아 누구나 쓸 수 있다.

처음에는 딸에게 AI를 써서 그림을 그리는 것을 가르쳐줄까 잠시 생각했다. 그렇지만 건호가 얼마 후면 AI와 대화하기 위해 프롬프트조차 필요 없을 거라면서 말렸다. 건호는 사람이 프로그래밍언어를 배우지 않고 일상언어로 프로그램을 할 수 있을 때까지 몇 년 남지도 않았다고 했다. '그림을 그린다', '프로그래밍을 한다'는 특별한 기능, 그리고 그것을 특화한 직업 구분 자체가 필요 없어질 것이다.

나는 내가 생각하고 있던 교육의 목표가 잘못되었다는 것을 조금씩 깨달았다. 그림 그리는 것의 목표가 직업을 얻기 위해서 그림을 그리는 기능을 훈련하는 것이어서는 안 된다. 결과물의 수준도 목표가 될 수 없다. 또래와 비교해서 미술대학에 들어갈 정도로 잘 그리는 것, 상업적으로 팔릴 것을 목표로 그리면 안 된다. 교육의 목표가 '어떤 수준을 달성해서 무언가를 할 수 있는 자격을 얻는 것'이라는 생각을 지워야(unlearn) 한다.

사실 아이는 애초부터 AI와 경쟁할 생각이 없는데, 오래전 학창시절부터 직업을 갖기 위한 경쟁을 경험하고 공부의 목표는 남보다 더 잘하는 것이라고 생각하던 나 자신이 문제였다. 아이가 그림 그리는 걸 보면서 'AI가 너보다 나을 테니 필요 없을 텐데'라고 생각한 것은 크게 잘못한 일이었다. 그림을 그리는 작업을 통해서 아이가 얻는 경험과 역량에 초점을 맞춰야 한다. 내가 10년간 그림을 배우고도 뛰어난 일러스트레이터가 결국 되지 못했다고 해서 인생의 그 부분이 쓸모없었던 게 아닌 것처럼 말이다.

이것을 깨달은 후 나는 아이가 그림 그리는 것을 보는 일이 기꺼웠다. 그 전에는 "이렇게 그리면 더 이쁘지 않을까?", "아, 이건 이렇게 그리는 게 더 좋아"라고 참견하면서 결과물에 손을 댄 적도 있었는데, 요즘에는 그저 칭찬만 한다. "와, 이걸 이렇게나 많이 그렸네", "재미있는 생각을 했네", "이다음엔 뭘 그릴 거야?" 같이 말이다. 그림 그리기의 목표는 더 잘 그리는 것이 아니라 머릿속에 떠오른 것을 표현하고, 더 잘 표현할 전략을 궁리하는 것이다. 나중에 그 과정에 AI를 쓰게 될지도 모른다. AI는 아이에게는 도구이자 생활의 일부이며 아마 앞으로도 그럴 것이다. 아이는 시간을 묻고, 날씨를 묻고, 작문을 하면서 필요한 철자를 AI에게 물어본다. "엄브렐러(우산)의 철자가 뭐야?" AI가 천천히 알파벳을 불러주면 아이는 "고마워!"라고 대답한다.

내가 이 글을 쓰는 동안 둘째 아이는 옆에서 새로 업데이트된 챗지피티와 음성 대화를 나눴다. 아이는 몇 주 동안이나 자기가 좋아하는 소설에 대해서 이야기하고 싶어 했지만, 나는 바빠서 그 8권짜리 마법학교 이야기를 읽을 시간이 없었다. 그래서 급기야 아이에게 챗지피티를 켜주고는 얘랑 이야기하라고 미뤄버렸다. AI 목소리인 '챗'은 그 책에 대해 이미 다 알고 있었다. 아이의 얼굴이 환해졌다.

챗은 그 시리즈에서 주인공이 동물 변신 마법에 실패하는 장면이 재미있었다면서 '너는 나중에 어떤 마법을 쓰고 싶냐'고 물었다. 아이는 한참 고민하더니, "음… 나는… 아직 모르겠어" 했다. 챗은 너그럽고 부드러운 목소리로 말했다. "그런 건 차차 생각해도 되지." 어쩜, 요즘 AI는 인간 엄마보다 낫구나. 나라면 아이가 답을 못하면 사지선다형으로 보기를 주고 네 가지 중에 무엇이든 선택하라고 독촉했을 것이다. 그리고 얼마나 좋은 답을 했는지를 판단하려 했을 것이다.

나중에 아이의 책상 위에서, 아이가 생각한 마법학교의 설정과 주요 등장인물에 대해 묘사해둔 종이들을 발견했다. 주인공들의 얼굴도 나름대로 그려놓고, 마법학교 교실의 레이아웃도 그렸다. 아이의 세계는 아직 만들어지는 중이다. 그동안 읽은 책, 유튜브 동영상, 다른 아이들과의 대화, 학교생활 등을 모아 상상하고 자기만의 이야기를 만든다. 이 재료들에 곧 AI와의 대화나, 학교에서 쓰고 배울 디지털 도구들이 추가될 것이다. 아이에게는 아직 12년의 시간이 남아 있다. 밖에서 AI의 파도가 휘몰아치는 동안, 안전한 학교에서 천천히 지식을 쌓고 다른 사람들과 협력하고 생각하면서 자기가 무엇을 좋아하고 무엇을 하고 싶은지 생각할 시간 말이다.

첫째 아이 때에 내가 상상했던 것은 학습이 어려운 아이도 잘 이끌어주고, 아이들의 가능성을 발휘하게 해주는 학교였다. 둘째 아이 때 내가 기대하는 것은, AI가 이끌어가는 새로운 세상에서 이 아이의 세대가 살아갈 수 있는 방법을 도와주는 학교다. 사실 둘째 아이의 미래에 내가 뭘 도와줄 수 있을지 막막할 때가 많다. 아마 여기에도 디지털 교육이 해야 할 일이 많겠지만, 그러기 위해서는 먼저 교사와 부모, 제품 개발자들이, 그리고 사회 전체가 이전 세대의 교육에 대해 가졌던 생각을 AI의 시대에 맞춰 업데이트해야 한다. 우리 시대가 공부하던 기억을 버리고, AI 이전 시대의 '훌륭한 교육'과 '훌륭한 역량'에 대한 개념을 수정하고, 부모와 학교의 역할을 다시 생각해야 하지 않을까.

우리 세대의 교육이란 아이에게 지식을 더하고 가르치는 것이 아니라, 아이 스스로 판단하고 선택하고 실험하고 변화하는 연습을 하도록 도와주는 것이어야 한다. 10년 후 고등학교를 졸업하고 사회에 나가는 아이가 AI와 경쟁하도록 헛되이 몰아대는 것이 아니라, AI를 도구로 써가면서 새로운 시대를 개척하도록 해주어야 할 것이다.

디지털 네이티브를 위한
안전지대

건호와 나는 같이 일하고, 아이도 함께 키운다. 워낙 함께한 시간
이 오래되어 생각이 서로 비슷해서 싸우는 일이 드문데, 언제부
터인가 자꾸 부딪치기 시작했다. 그 이유는 큰아이의 디지털기
기 사용 시간 때문이었다. 아이가 어려서 부모가 보여주는 기기
로 앱을 쓸 때에는 사용 시간을 조절할 수 있었는데, 학교에 들어
가서 자기만의 디지털기기를 쓰기 시작한 후부터는 언제나 디지
털기기 앞에만 앉아 있으려고 했다. 나는 아이가 시간을 보낼 만
한 다른 수단이 없으니 디지털기기로 유튜브를 보거나 게임하는
것은 괜찮다고 생각했지만, 건호는 하루에 한 시간이나 두 시간
정해진 만큼만 봐야 한다고 생각해 엄격하게 통제했다.

그때마다 나는 "책을 읽지도 못하고 대화도 할 수 없는 아이더

러 디지털기기마저 쓰지 말라면 시간을 어떻게 보내라는 거야?"
라면서 아이를 감쌌다. 나는 시간을 흘려보내는 것보다는 디지
털기기를 쓰는 게 낫다는 편이었고, 건호는 그냥 누워서 심심한
게 낫지 저렇게 멍하니 유튜브를 보는 건 좋지 않다는 입장이었
다. 건호는 디지털기기 사용을 제한하는 대신 아이를 데리고 캐
치볼도 하고 수영장에도 다니면서 최선을 다했지만, 어쨌든 아
이가 집에 있는 동안에는 컴퓨터를 할 수밖에 없었고, 한두 시간
쯤 지나면 컴퓨터를 끄려는 건호와 그러지 말라는 내가 옥신각
신하기 시작했다.

　나는 '당신과 내가 디지털기기를 사용하는 시간을 먼저 생각
하고 이야기를 하라'며 핀잔을 주었다. 건호도 나도 하루 중 자
는 시간을 빼고는 거의 디지털기기를 붙들고 산다. 아침에 일어
나자마자 AI 스피커에 시간을 물어본 후 안경을 끼고 핸드폰부
터 잡는다. 깨어 있는 시간의 대부분은 컴퓨터로 일을 하고, 일하
지 않는 시간에도 컴퓨터 앞에 앉아 있거나 편한 자세로 핸드폰
을 들여다본다. '노는 시간'이란 노래를 듣거나 동영상을 보거나
SNS를 하거나 책을 보거나 게임하는 시간인데, 이럴 때는 모두
디지털기기를 사용한다. 집안일을 할 때도 디지털기기로 음악이
나 오디오북을 듣는다. 잘 때도 핸드폰을 들여다보다가 마지못
해 끄고 잠든다.

그러다 보니 아이가 컴퓨터를 들여다보는 것에 민감하게 반응하는 남편이 도무지 이해가 되지 않았다. '왜 당신은 되고 얘는 안 되는데?' 세상 사람이 다 디지털매체나 게임이 나쁘고 아이들의 디지털 미디어 사용이 좋지 않다고 이야기하더라도, 초등학교 때부터 특기가 코딩이고 취미가 게임이었던 사람이 그러면 안 되지 않나?

∴

건호의 말이 비로소 이해되기 시작한 건 거의 매일 옥신각신한 지 몇 달이 지난 후였다. "애가 꼼짝하지 않고 화면을 멍하니 보고 있잖아. 이걸 몇 시간 보고 나면 그날은 반응이 살짝 이상해." "애가 보는 유튜브 채널 봤어? 저거 콘텐츠가 좀 희한해." 나는 일반적인 디지털기기 사용에 대한 이야기를 하고 있었고, 건호는 유튜브 콘텐츠 이야기를 하고 있었던 것이다.

나는 유튜브를 많이 보지 않는 편이라 그 알고리즘이 얼마나 독해지고 있고, 아동용 영상의 품질이 어떻게 기묘하게 변했는지 잘 알지 못했다. 아이가 어릴 때는 유튜브에서 영상 하나가 끝나면 다음 동영상을 선택해야 했다. 그런데 언제부터인가 몇 초 후에 같은 채널의 다른 영상이 자동으로 재생되었고, 시간이 더 지나자 이전 영상의 다음 편이 아니라 다른 채널의 자극적인 영상이 멈춤 없이 바로 재생되었다. 아이가 아무것도 안 하더라도 더 자극적이고 더 눈길을 끄는 내용들이 계속해서 유튜브를 보게 만들었다.

이 시대에 디지털기기 사용은 옳고 그름으로 나눌 일이 아니다. 이제 대부분의 인간들은 하루 종일 디지털로 전달되는 정보를 보면서 시간을 보낸다. 아이들이라고 해서 그러면 안 될 이유는 없다고 생각한다. 잘 만들어진 소프트웨어는 인간의 생산성을 높이고, 학습을 쉽게 할 수 있게 하며, 정보를 빠르고 효과적으로 전달한다. 그러나 자극적인 디지털영상을 멍하니 보고 있는 것은 문제라는 건호의 말도 옳았다. 그 안에서 흐르는 나쁜 콘텐츠, 제작자의 선하지 않은 의도, 중독성을 높이도록 고안된 서비스들이 아무 의미 없는 몰입을 가능하게 만든다. 어떤 서비스는 다른 서비스보다 더 중독적이고, 어떤 콘텐츠는 다른 콘텐츠보다 더 나쁘다. 대부분의 사람들은 이걸 걸러낼 방법이 없다. 아이들은 더욱 그렇다.

세상에서 가장 디지털기기 사용에 능숙한 사람 축에 드는 우리조차 이렇게 혼란스러운데, 직업이 IT 개발자도 아닌 부모들은 훨씬 더 힘들 것이다. 나는 이 일을 시작한 이후로 정말 많은 부모들로부터 디지털기기로 정말 제대로 공부를 할 수 있는지,

아이가 디지털기기를 사용하는 것이 괜찮은지에 대한 질문을 받았다. 이전에는 그런 질문을 받으면 내가 아는 대로 대답했다. "좋은 디지털 소프트웨어는 책보다 더 공부를 잘 시킬 수 있어요. 디지털로 모든 정보가 흐르는 시대에 아이가 디지털기기를 사용하는 것은 어쩔 수 없어요. 너무 걱정 마세요."

하지만 이 대화는 서로를 이해하지 못한 채 그냥 겉돌 뿐이었다. 이 질문과 대화는 조금 다른 방식으로 진행되어야 했다. 부모들은 그저 이렇게 묻고 싶었을 것이었다. "아이들이 혼자서 디지털기기를 사용하는 것이 안전한가요? 공부를 시킨다는 구실로 디지털기기를 쓰게 했다가 위험한 콘텐츠를 접하게 되면 어떻게 하죠? 아이들이 좋지 않은 콘텐츠를 접하는 것을 어떻게 막을 수 있을까요?"

그런 질문에는 나도 공감하면서 나의 걱정을 나눌 것이다. 인터넷이 연결된 디지털기기는 안전을 보장하지 않는다. 인터넷을 통해 접근할 수 있는 나쁜 콘텐츠는 너무나 많다. 만약 공부를 시키려고 디지털기기를 사용하게 해주었다면, 아이가 웹 서핑이나 SNS를 통해 위험한 콘텐츠를 접할 수 없도록 확실하게 경계해야 한다. 사실 꼭 디지털이 아니어도 새로운 매체를 둘러싼 기성세대와 신세대 간의 긴장은 항상 있었다. 그렇지만 최근의 디지털 세계는 이전과는 차원이 다르게 위험하다. 접근이 너무 쉬우며,

적극적으로 중독을 일으키고, 자칫하면 범죄와 연결되기까지 한다. 그리고 우리 사회는 이걸 제대로 관리하는 방법을 아직 찾지 못했다.

그래도 부모가 아이들의 디지털 사용에 대해서 걱정하고 최선의 방법을 찾아 질문하는 가정에서는 어떻게든 지도가 되겠지만, 문제는 부모가 제대로 신경 써주지 못하는 취약계층의 아이들이다. 그 아이들의 눈에는 무엇이 보일까? 온갖 중독적인 기법을 동원하고 감정을 살살 긁어서 돈을 내게 하는 게임, '좋아요'에 목맨 가짜 정보와 자극적인 콘텐츠, 중독성을 강화하는 알고리즘을 넣어 멍하니 보게 만드는 비디오, 가짜뉴스와 뉴스인 척하는 광고, 뉴스 사이트와 정보 사이트 하단의 로또 광고와 노골적인 성인물 배너, 나쁜 의도를 가지고 접근하는 사람들이 이용하는 SNS가 있다.

아무도 이런 위험물들을 뚫고 디지털기기 사용을 제대로 할 수 있도록 도와주지 않는다. 결국은 부모가 관심을 가져주지 못하는 아이들과 취약한 환경의 아이들이 가장 쉽게 유혹에 빠지고, 나쁜 의도의 타깃이 된다. 교육에서 벌어지는 양극화도 심각한 상황에서 디지털의 부정적인 영향이 가뜩이나 어려운 아이들을 더욱 아래로 끌어내리는 것이다.

사실 우리가 걱정하는 첫째 아이의 디지털기기 사용은 디지털 세상에서 대부분의 청소년에게 벌어지는 문제와는 비교할 수 없을 만큼 사소한 축에 속한다. 일단 이 아이에게는 핸드폰이 없다. 또래보다 의사소통이 부족하다 보니 SNS로 낯선 사람에게 개인 정보를 주거나, 인터넷으로 가짜 정보를 읽거나, 엉뚱하고 위험한 틱톡 챌린지에 빠지지도 않는다. 학교에서 사용하는 이메일은 외부의 접근이 차단되어 있어 아이가 광고에 낚여 온라인쇼핑 사이트에 회원가입을 시도해도 성공하지 못한다. 그래도 아이는 나름대로 디지털 세상의 일원이고, 그 안에서 자기를 억제하고 안전하게 사는 법을 배워야 한다.

첫째 아이는 유튜브를 보지 못하게 하는 시간에도 컴퓨터 앞에 앉아 있더니 어느 날부터 파워포인트의 도형 도구를 사용해서 자기가 좋아하는 유튜브 채널의 '스틱맨' 캐릭터를 그리기 시작했다. 하루에 몇 시간씩, 간단한 도형을 움직여 스틱맨 형태를 만들고 거기에 정성스럽게 색을 입히고 간단한 대사를 넣었다. 화면 가득 색깔을 채우고 신중하게 색깔의 이름을 타이핑했다. 빨강, 노랑, 파랑… 이런 작업이 매일 몇 페이지씩 늘어났다.

실생활에서 읽기, 그리기, 쓰기 능력이 그리 높지 않은 아이가 컴퓨터를 능숙하게 도구로 쓸 수 있게 된 것은 학교 수업에서 컴퓨터를 계속 사용해왔기 때문이다. 첫째 아이는 미국의 학교들이 디지털기기 사용을 본격적으로 시작할 때 입학했고, 팬데믹 기간에는 원격으로 중학교 수업을 들었다. 대부분의 수업 과제는 컴퓨터로 제출했고, 타이핑과 코딩, 디지털아트 수업을 들었으며, 학교의 컴퓨터 담당 교사에게 꾸준히 도움을 받았다.

그렇게 조금씩 배우지 않았다면 디지털기기를 도구로 써서 자기를 표현하고 결과물을 만드는 일을 하기는 어려웠을 것이다. 문자로 정보를 접하거나 말로 표현하는 데 어려움이 있는 우리 아이는 디지털기기를 올바르게 사용할 수 있는 환경 안에서 창작과 소비의 균형을 찾았고, 아이가 디지털을 도구로 사용하는 시간이 길어질수록 우리 부부도 마음의 평화를 찾았다.

가끔은 '아이가 집에서 디지털기기를 몇 시간씩 쓰고 있으니 학교에서는 그냥 전통적으로 수업을 하면 어떨까'라는 생각을 하는 부모들을 만난다. 하지만 학교의 디지털기기는 개인용 스마트폰과는 완전히 다른 목적의 기기다. 학교의 기기와 인터넷은 아이들 간에 SNS를 사용하거나, 외부의 게임을 깔거나, 개인 정보를 밖으로 내보내거나, 바이러스에 감염되거나 하지 않도록 관리된다(그렇게 관리할 것으로 기대한다). 교사가 정해진 교육용 콘텐츠로 수업하고 기기를 도구로 사용하는 방법을 알려주는 환경에서 디지털기기는 인간의 생산성을 향상시키는 도구가 된다. 디지털을 도구로 사용한다는 인식을 가지면, 효율적으로 정보를 처리함으로써 학습에 필요한 도움을 받을 수 있고, 직업에 필요한 디지털 사용 기술을 배울 수도 있다.

그러나 방과 후 아이의 손에 규칙 없이 맡겨진 디지털기기는 디지털 세계를 종횡으로 질주하는 오토바이에 가깝다. 어떤 콘텐츠를 만나고 어떻게 위험에서 피할지 지도하기도 어렵고, 아이가 위험한 콘텐츠에 노출되기 시작했을 때 부모가 대처할 방법이 많지 않다. 우리의 윗세대는 '바보상자'라 부르던 TV나 불법 유해 비디오, 비행청소년들이 다닌다는 오락실에서 아이들을 보호하려고 노력했다. 또한 학교 주변에 혐오시설이나 청소년 유해업소를 만들 수 없게 하려고 교육 환경 보호 구역을 정해놓거나 자동차 속도를 제한하는 스쿨존 등의 규제를 만들었다. 도서, 영화 등의 콘텐츠에는 등급 제도와 심의 제도를 두었다.

청소년에게 담배와 술의 판매를 막고 그 위험성을 알리거나, 마약류를 금지하는 규제들은 과학적 연구를 근거로 계속 갱신되고 있다. 이에 비하면 소셜미디어와 디지털콘텐츠의 중독성에 대한 연구는 이제 시작 단계에 있을 뿐이며, 규제는 아예 없는 것과 마찬가지다. 우리 세대 전체가 디지털 세상에 훨씬 더 많은 주의를 기울이고, 아이들에게 적절한 지도를 할 수 있도록 디지털

리터러시를 훈련하며, 합당한 규제에 대해 이야기해야 한다. 이 것이 우리 세대가 풀어야 할 숙제다.

최근 미국에서 가장 큰 뉴욕시 교육국이 메타(페이스북, 인스타그램), 틱톡, 스냅챗, 유튜브 같은 주요 소셜미디어 회사들을 상대로 소송을 제기했다. 이 소장은 소셜미디어 플랫폼들이 의도적으로 중독성을 띠도록 기능을 설계해 젊은 사용자들이 과도하게 시간을 보내도록 조작했다고 주장한다. 이로 인해 학생들 사이에서 불안, 우울증, 자살충동 등 다양한 정신 건강 문제가 증가해서 학교와 지역사회에 부정적인 영향을 광범위하게 끼쳤으니 책임 있는 대책을 마련하라는 것이다.

플랫폼의 알고리즘에만 문제가 있는 것은 아니다. 아이들이 인터넷의 힘을 잘 이해하지 못한 채로 인터넷에 접속하고는 이를 잘못 휘두르는 것도 문제다. 미국 학교에서 최근에 일어나는 많은 문제들이 아이들의 SNS 사용과 관련 있다. SNS에서 '좋아요'를 얻기 위해 위험한 일을 하다가 벌어지는 사고, SNS를 통한 왕따와 괴롭힘, 교사에 대한 악질적인 공격, 범죄자들의 접근 등 상상 이상의 일들이 벌어진다. 상황이 이렇다 보니 학교에 휴대폰 반입을 금지하는 것이 점점 호응을 얻어가고, 아예 청소년을 대상으로 한 휴대폰 판매나 청소년들의 소셜미디어 사용을 금지하는 법안을 고려하는 국가들도 있다.

이런 규제에 활용되는 과학적 근거와 디지털콘텐츠들의 위험성은 면밀하게 지켜볼 가치가 있다. 지난 몇 년간 청소년들의 디지털기기 사용이 폭증하는 동안 기성세대는 '아이들이 우리보다 디지털을 잘 알아'라는 변명을 방패 삼아 손을 놓았고, 아이들이 디지털콘텐츠와 소셜네트워크로부터 부정적인 영향을 받고 범죄에 노출되어 온 것을 제대로 차단하지 못했다는 점은 깊이 반성해야 할 일이다.

나는 디지털을 더 적극적으로 교육에 써야 한다고 생각하고, 그걸 잘하도록 돕는 제품을 만드는 것을 업으로 하고 있다. 반면에 아이들이 가정용 기기를 활용하다 디지털의 부정적 영향에 노출되는 것이나, 부정적인 문제가 점점 심각해지는 것에 대해서는 매우 걱정하고 있다. 회사에서는 아이들의 학습 현황을 부모에게 공유하는 기능을 만들고, 다른 앱이나 인터넷 브라우저에서는 사용할 수 없는 학습만 가능한 전용기기를 출시하며, 학교에서 사용하는 교육용 소프트웨어를 보급하는 일 등을 한다.

그래도 아이들의 학습을 지켜주기는 쉽지 않다. 학습을 위한 제품들은 아무리 잘 만들어졌더라도 쾌락을 주고 중독시킬 목적으로 만들어진 자극적인 제품과 콘텐츠의 재미에 비길 수 없다. 아이들은 버튼 하나로 유튜브, 틱톡, 게임을 할 수 있는 상황에서 학습 앱을 선택하고 유지할 자제력을 아직 갖추지 못했다.

어른들은 자신들이 잘 이해하고 있는 물리적인 세계에서는 최선을 다한다. 우리 아이뿐 아니라 다른 아이들도 걱정해준다. 차가 쌩쌩 다니는 도로를 우리 아이만 무사히 건넜다고 안심하지 않고 등교시간에 횡단보도 건널목을 지킨다. 아이가 혹시라도 위험한 곳에 갈까 봐 항상 연락할 수 있도록 핸드폰을 쥐어준다. 아이들은 이렇게 쥐게 된 디지털기기를 통해 전혀 안전하지 않은 디지털 세상을 헤맨다.

기성세대의 무지로부터, 거대한 테크기업의 방임으로부터, 미디어의 클릭 지상주의로부터, 크리에이터라 불리는 이들의 무책임한 왜곡과 과장으로부터, 악의가 있는 범죄자와 해커의 접근으로부터 다음 세대가 잘 보호되기까지 얼마나 많은 시간과 정책이 필요할까? 오랜 시간이 걸릴 것이고, 디지털 세계는 미처 이해하지도 못하는 속도로 바뀌어갈 것이다. 그러나 하나하나, 차근차근, 가장 위험한 것으로부터, 미래 사회의 구성원이 될 모든 아이들을 위하는 마음으로 규제와 제한을 마련해나가는 수밖에는 다른 방법이 없다.

우리가 학교의 문을
두드리는 이유

회사의 전략을 이야기할 때는 여러 프로젝트를 하면서 자원이 분산되는 것을 막기 위해 '우리가 할 일'과 '하지 않을 일'을 정하곤 했다. 최근 몇 년간 우리가 하고 싶은 일은 공교육에 제품을 넣는 일이었지만, 디지털교과서를 만드는 일은 하고 싶지 않다고 말하곤 했다. 팬데믹의 영향으로 전 세계 교육에서 디지털 도입의 중요성이 다시 커졌지만, 공교육 교실에 디지털을 배포할 때 보통 상상하는 기존의 '디지털교과서' 방식은 우리에게 딱히 흥미가 없는 것이었기 때문이다.

기존에 디지털교과서라고 불리던 것은 종이로 만들어진 교과서와 문제집 등의 학습콘텐츠를 디지털로 옮긴 것을 말한다. 컴퓨터와 태블릿의 시대를 거치면서 교과서를 디지털로 옮겨 교실에서 사용하려는 프로젝트들이 한국, 미국과 여러 개발도상국에서 시도되었는데, 성공한 경우는 많지 않았다. 이런 실패에 대해서는 디지털 인프라 문제부터 미비한 교사 교육까지 여러 이유가 있지만, 나는 소프트웨어의 사용성 문제가 크다고 생각했다.

책을 기반으로 만든 콘텐츠는 디지털로 아무리 잘 옮겨봐야 만족스럽게 만들어지기 어렵다. 콘텐츠 양이 매우 적고, 일방적으로 전달되는 텍스트의 한계가 있어 사용의 자유도도 높지 않다. 디지털의 장점을 발휘하면서도 사용성이 좋으려면 기존의 교과서와는 완전히 다른 철학과 설계가 필요한데, 초기의 디지털교과서들을 만들 때는 거기까지는 생각하지 못했다.

또한 이런 프로젝트들은 대부분 제품 개발에 익숙하지 않은 정책결정자들이 디자인한 후 외주 개발에 맡기는 형태로 진행되어 사용성이 그다지 좋지 않았다. 시스템을 설계해서 발주하는 조직과 실제 개발하는 조직이 다른 구조로는 사용성을 좋게 만들기가 어렵다. 사용성을 좋게 하려면 사용자의 반응을 계속 실험하면서 업데이트해야 하고, 때로는 설계 자체까지도 바꾸면서 수정해야 하는데, 일정 기간 내에 개발해서 납품하는 것으로 끝나버리는 프로젝트에서는 이런 일을 기대할 수 없다.

2012년부터 시작되어 팬데믹을 기점으로 완료된 미국 공교육의 디지털 전환에서 결국 도움이 된 소프트웨어들은 기존의 교과서를 통째로 옮긴 제품들이 아니라, 교실의 일부 기능이라도 디지털로 잘 대체해서 교사와 아이들이 쉽게 사용할 수 있도록 만든 제품이었다. 교사가 편하게 쓸 수 있는 교실 관리와 서비스 도구들이 있었고, 학생을 대상으로는 맞춤형 학습을 제공하는 제품, 학습이 어려운 아이들에게 추가 도움을 제공하는 제품 등이 좋은 반응을 얻었다. 대기업이나 학교가 발주한 것들이 아니라 에듀테크 회사가 직접 개발해서 소개한 제품들이었다. 그래서 우리는 사용성이 좋은 제품을 만들려면 회사가 직접 개발해야 한다고 믿었고, 디지털 콘텐츠의 가능성을 제대로 발휘하기 힘든 '디지털 교과서'라는 일에는 우리가 관여할 일이 없을 거라고 막연히 생각했다.

그러다가 2023년 4월에 한국에서 AI 디지털교과서 정책이 대규모로 추진될 거라는 소식을 접했다. 그런데 정책 추진 방식이 이전의 디지털교과서 추진 방식과 매우 달랐다. 개발 용역 발주가 아니라 민간 참여 형식으로, 기존 교과서 출판사와 에듀테크 회사가 컨소시엄을 맺고 정부의 가이드라인에 맞춰 자유롭게 제품을 만들어서 평가 받으면 된다고 했다. 학습이 어려운 학생도 도움을 받을 수 있는 개인형, 맞춤형 교과서를 만들겠다는 비전에 AI의 활용이 매우 강조되어 있었다.

나는 이것이 그동안 우리가 기다리던 기회라고 생각했다. 한나라에서 학교가 디지털로 전환되는 정책에 참여해서 제품을 공교육에 납품하는 기회 말이다. 디지털의 철학으로 구성된 새로운 교실용 콘텐츠와 상호작용 시스템이라는 것은 도전할 만한 가치가 있었고, 가이드라인을 준수하면 회사가 자유롭게 구상해서 만드는 형식도 적절해 보였다. 왜 디지털교과서는 안 하겠다면서 이번엔 이야기가 다르다는 건지 동료들을 설득하는 것이 첫 번째 과제였다.

그해 여름은 정말 눈코 뜰 새 없이 바빴다. 우리는 기존에 종이교과서를 만들어온 발행사를 만나 협력을 논의하고, 이 새로운 교실용 시스템에 필요한 기술적 내용을 파악하려고 노력했다.

그동안 여러 경험을 해봤지만 이 프로젝트는 여태까지 해온 일 중에서 난이도가 제일 높았다. 여러모로 엑스프라이즈 대회 때와도 비슷하다고 느낀다. 자원은 한정되어 있고, 시간은 정해져 있으며, 사용자가 어떤 환경에서 쓰게 될지 면밀히 파악하기 어렵다. 가이드라인의 요구사항도 매우 복잡한 데다 계속 업데이트되었다. 그러나 "500만 학생을 위한 500만 개의 교과서"라는 캐치프레이즈를 걸고 모든 학생들에게 맞는 교육콘텐츠를 제공하기 위해 AI 기술을 써서 교사들의 수업을 지원하겠다는 정책에 동의하고, 그렇다면 이 고생을 하는 것에 가치가 있다고 생각했다.

이런 프로젝트들은 위험도가 매우 높다. 혼자서 잘한다고 되는 것도 아니고, 정책이나 사회 분위기, 그리고 제품 수용자들까지 모두 맞물려서 조화를 이루어야만 성공할 수 있다. 그러나 공교육의 디지털 전환에서, 선도적인 정책과 경험 있는 회사들과 큰 규모의 예산이 한자리에 모이는 것은 결코 흔한 일이 아니다. 우리는 다양한 나라의 문을 두드려보았고, 전 세계에 이걸 할 수 있는 나라가 그리 많지 않다는 것을 안다.

왜 굳이 이런 복잡한 프로젝트에 끼고 싶어 하느냐는 질문을 받았을 때, 나는 '누군가 구령을 붙여준다면 기쁘게 박자를 맞춰 함께 뛰고 싶다'고 말했다. 21세기의 교실에는 디지털이 필요하다. 이를 도입하기 위해서는 정책결정자, 에듀테크 회사, 교사를 비롯한 모든 사람이 손을 잡고 함께 뛰어야 한다. 우리가 그동안 바라던 것을 위해서 함께 뛸 기회가 생겼다면 최선을 다해서 뛰어드는 것이 옳다.

과연 AI 디지털교과서라는 건 무엇일까? 교육부의 개발 가이드라인에 따르면 AI 디지털교과서란 이런 것이다.

> 학생 개인의 능력과 수준에 맞는 다양한 맞춤형 학습 기회를 지원하고 인공지능을 포함한 지능정보기술을 활용하여 다양한 학습자료 및 학습지원 지능 들을 탑재한 소프트웨어로, 'AI에 의한 학습 진단과 분석, 개인별 학습 수준과 속도를 반영한 맞춤형 학습, 학생 관점에서 설계된 학습 코스웨어'라는 세 가지 특성을 갖는다.
> 학생은 최적화된 맞춤학습 콘텐츠로 배우고 교사는 데이터 기반으로 수업을 디자인하며 부모는 자녀의 학습활동 정보를 풍부하게 제공받을 수 있는 교육 환경으로 변화하게 된다.

암호 같은 이 문장들을 해석하기 위해서는 이전에 우리가 다녔던 학교, 어제의 학교 모습을 머리에서 지워야 했다. 어제의 학교에서는 머릿속에 쌓아서 시험 점수로 환산할 수 있는 지식이 곧 역량이었다. 대부분의 내용이 교과서에 잘 정리되어 있어 그걸 잘 이해하고 외웠는지를 확인하기 위해서 시험을 본다.

그러나 디지털 기술과 인공지능이 발전하면서 이런 식으로 지식을 습득할 필요는 빠르게 사라지고 있고, 대신 무수히 쌓이는 새로운 정보를 잘 활용하는 능력이 필요해졌다. 이를 가르치는 '21세기 교육'이란 현대 사회에서 요구하는 역량을 갖추기 위한 새로운 교육 패러다임으로 단순한 지식 습득을 넘어 비판적 사고력, 창의력, 협업 능력, 의사소통 능력을 핵심역량으로 강조한다.

우리가 배우던 교실을 잊고 다른 나라의 5학년 교실을 상상해 보자. 한 교실에 앉아 있는 아이들의 수준이 너무 다양해서 글을 못 읽는 아이부터 6학년 내용을 알고 있는 아이까지 섞여 있다. 그러다 보니 이 아이들이 함께 수업을 받는 목적은 교과서를 읽고 교사에게 들은 것을 모두 암기해서 시험을 치면 100점을 맞는 것이 아니다.

교사가 학습의 핵심 주제를 제시한다. 예를 들어 '기후변화와 우리 고장' 같은 것이다. 이를 위해서는 과학, 사회, 실과 등의 다양한 과목에서 배우는 지식이 활용되어야 하고, 교과서에 담겨 있지 않은 외부의 자료도 잔뜩 필요하다. 아이들은 교사가 제시한 수업의 주제를 이해하기 위해서 협업하면서 능동적으로 지식을 구성하고, 주제와 관련된 실생활의 문제를 해결하며, 교사의 도움을 받아 저마다 미래를 살기 위해서 필요한 핵심역량을 연습한다.

이런 수업을 도와주는 디지털 도구라면 여러 기능을 갖추어야 할 것 같다. 앞에서 말한 AI 디지털교과서의 정의를 내가 생각한 대로 풀어보면 이렇다.

교사에게는 학생들이 그날의 학습 주제에 대해 어느 정도 학습할 역량이 있는지 파악할 도구가 있어야 한다. 그리고 이를 근거로 학습을 어느 정도로 진행할지 판단을 내릴 수 있도록 도와주는 도구가 있어야 한다. 교사가 제시해준 방향으로 학생이 학습할 수 있는 콘텐츠도 갖춰야 한다.

교사는 학생과 교실의 역량에 대한 데이터를 기반으로 수업을 디자인해서 다양한 프로젝트와 능동적 활동들을 마련한다. 학생들은 이렇게 교실 맞춤형으로 디자인된 수업을 위해 개개인의 관심사와 역량에 최적화된 학습콘텐츠를 제공받고, 부족한 부분은 따로 보충할 만한 콘텐츠도 받는다. 아이들이 수행한 결과는 데이터를 기반으로 분석되어 교사에게 보고된다. 이 최신의 학습 방법에 익숙하지 않아 혼란스러운 부모들에게는 궁금한 만큼의 학습활동 정보를 풍부하게 제공해준다.

AI 디지털교과서의 정의는 이 미래 교육, 역량 중심 교육 환경에 필요한 디지털 시스템을 묘사한 것이다. 한국도 글로벌 트렌

드를 따라 이미 다양성에 기반한 협력과 개인의 역량 개발을 강조하는 방식으로 바뀌고 있고, 디지털을 잘 활용해서 맞춤형 수업을 제공하는 교사들도 많이 있다. 이런 학습의 장점을 모든 교실로 확대할 수 있어야 하고 학습 과정의 데이터에 기반하여 객관적인 역량의 평가도 이뤄질 수 있어야 한다.

'말이야 좋지만 어떻게?'라는 질문이 나올 수밖에 없다. 그래서 새로운 기술인 AI가 이 전체 시스템의 중심 요소이다. 챗지피티를 시작으로 대화의 맥락을 이해하고 분석하며 맞춤형 콘텐츠를 제작해서 제공할 수 있을 정도의 똑똑한 AI들이 생기고 있으니, 학생 개인이나 모둠의 관심사에 맞는 주제를 선택해서 학습하고자 하는 요구에 대처할 수 있을 것이다. 다양성이 더 높아진 학교에서, 디지털을 통해 수집된 데이터를 참고하고 아이들의 특성에 맞춰 어떤 학습전략을 지원할지 돕는 일도 AI가 할 수 있을 것이다. 새로운 콘텐츠와 기술이 계속 도입될 수 있도록 유연하게 만들어진 디지털 시스템은 배워야 할 것이 딱 정해진 기존 '교과서'의 한계를 극복하고 끊임없이 변화하는 교실을 지원할 것이다.

우리는 글로벌 시장에서 아이들 대부분이 수업을 따라가지 못하는 교실을 보았고, 역량 중심 교육을 돕는 에듀테크 시스템이 시급하게 필요하다는 것을 안다. 그리고 AI의 능력이 폭발하면서 알고 있는 지식의 양을 경쟁하게 만드는 방식의 교육이 종말을 고하고 있다는 것도 안다. 미래세대가 빠르게 변하는 시대의 요구에 적응하기 위해서 새로운 정보와 기술이 계속 교실에 도입되기를 기대한다. 디지털기기의 도움을 받으며 진행하는 역량 중심 교육 방식은 여러 선진국과 시범학교에서 이미 성공적으로 사용되고 있으니, 이런 시스템이 한국에 잘 안착하고 전 세계 개발도상국에서 공교육의 새로운 표준 모델로 확산될 수 있다면 멋질 것이다.

물론 이런 방향이 옳다고 해도, 이 시점에 학교에 배포되는 디지털교과서가 당장의 요구를 충족시키기는 어려울 수 있다. 디지털 서비스의 특성상 서비스가 시작된 후에도 사용자의 피드백을 받아가며 꾸준히 개선되어야 하고, AI를 전격적으로 도입하는 데도 조금 더 시간이 필요하다. 무엇보다 이런 서비스를 사용하는 교사와 학생, 그리고 다른 한 축인 부모가 학교에서 디지털 도구를 사용하는 일에 익숙해지고, 교실이 변화하는 방식에 확

우리는 이 거대한 시스템을 구성하는 작은 부품 중 하나일
뿐이지만, 누군가가 지휘하는 판에서 구령을 맞춰 같이 뛴다면
지금보다는 좀 더 큰 임팩트를 만들 수 있을지도 모른다.

신을 갖게 되는 데에도 시간이 필요하다. 아직 나오지도, 써보지도 않은 제품이 어떤 의미를 가질 것이라고 섣불리 말하는 것은 무모하고 무서운 일이다.

수많은 걱정과 어려움 속에서도 많은 참여자들이 열심히 일하고 있는 것은, 이 정책이 단지 교과서가 디지털로 바뀌는 것을 넘어 교육 변화의 단초가 되기를 바라는 마음 때문일 것이다. 한국의 교육 문화, 특히 시험 점수에 초점을 맞춘 현재의 입시 체제와 여기에 최적화된 사교육은 AI가 가져올 미래와 이에 대응하는 21세기 학습 역량을 키우는 데 잘 맞지 않는다. 교실에 디지털 플랫폼이 깔리는 것 자체만으로 변화를 가져오지는 못하겠지만, 일단 도입된 후에 이를 기반으로 해서 새로운 기술이 빠르게 교실로 흘러들어가 교사를 지원하고, 학습 과정의 데이터로 공교육 정상화를 지원하며, 아이는 자기가 좋아하는 것을 탐색하면서 미래에 대처할 역량을 키우며 어른이 되어가는, 새로운 교육 문화가 시작된다면 좋겠다.

우리는 수많은 에듀테크 회사 중 하나이고 이 거대한 시스템을 구성하는 작은 부품 중 하나일 뿐이지만, 누군가가 지휘하는 판에서 구령을 맞춰 같이 뛴다면 지금보다는 좀 더 큰 임팩트를 만들 수 있을지도 모른다. 그러니 업데이트되는 정책에, 지침에, 구령 소리에 귀를 기울인다. AI 디지털교과서와 관계된 모든 사람들, 즉 정책을 담당하는 조직, 검정을 담당하는 조직, 교사 교육을 담당하는 조직, 플랫폼을 만드는 회사, 교과서 콘텐츠를 만드는 에듀테크 업체, 교사, 부모, 아이 모두에 이르기까지 서로를 믿고 일하는 이 공동체에 응원을 보낸다.

미래는 아무도 모른다

첫째 아이가 다섯 살이 되어 학교에 입학했을 때, 개별화 학습목
표에 따라 아이를 평가할 책임을 맡은 학교의 심리학자가 프리
스쿨을 방문했다. 그러고는 아이가 자폐일 수 있으니 정밀검사
를 실시하겠다고 전화했다. 보통 자폐가 있는 아이들은 세 살 이
전에 진단을 받는다. 장애가 있는 아이들을 오래 가르쳐온 프리
스쿨 선생님은 이 아이가 자폐일 리 없다고 강경하게 말했다. 자
기가 경험한 다른 자폐 아이들과 같지 않다는 것이었다.

그러나 얼마 후 우리는 아이가 자폐라는 검사 결과를 공식적
으로 받아들였다. 이 진단을 전하면서 심리학자가 '괜찮냐, 기분
이 어떠냐'고 물었다. 우리는 어깨를 으쓱했다. "아이가 변한 것
도 아닌데요, 뭐 달라질 것이 있나요."

그해는 정신질환의 새로운 분류 기준인 DSM-V가 도입되어 자폐 판정의 기준이 바뀐 해였다. 기존에는 다른 이름으로 불렸던 '전반적 발달장애'나 '비정형성 자폐' 등이 모두 '자폐스펙트럼장애'로 통합되었다. 그 전에 흔히 언급되던 '타인의 감정을 읽지 못한다, 눈 맞춤을 잘 하지 않는다, 반복적인 행동을 한다' 등의 전형적인 특성이 없더라도 사회적 의사소통 능력과 관심사의 제한 등을 측정해서 기준치 이하라면 모두 자폐스펙트럼의 일부로 설명하는 것이다.

아이가 태어난 해에 크게 놀랄 일을 이미 다 겪은 건호와 나는, 아이 병력에 한 줄이 새로 추가되나 보다 하고 심드렁하게 생각했지만 이게 그리 간단한 일이 아니었다. 우리는 아이를 중심으로 진단명을 읽지만, 다른 사람들은 진단명을 지도 삼아 아이를 읽는다. 현재 상태에 대한 판단, 의료 및 돌봄 서비스가 주어지는 기준, 아이의 미래 역량에 대한 기대는 진단명을 기준으로 정리된다.

아이가 자폐라는 진단은 심리학자들 사이에서 의견이 통일되지 않아 몇 년 단위로 진행되는 재평가 때마다 바뀌었다. 어떤 심리학자는 자폐가 아니라 중증도의 언어장애라고 했다. 또 다른 심리학자는 지적장애라고 했다. 한국과 미국에서의 기준도 달랐다. 최근에 만난 심리학자는 이건 모두 자폐에 대한 기존의 편견 때문에 그런 거라면서 자폐인을 위해 구성된 새로운 지능검사에 대해 설명했다. 현대 의학은 인간의 마음과 지적 능력이 어떻게 구성되는지 아직 다 알지 못한다. 계속해서 관찰한 후 분류하고 정의를 만드는 작업을 진행하고, 이런 아이들을 어떻게 가르칠지에 대해서도 계속해서 알아가는 중이다.

첫째 아이가 태어났을 때 경고되었던 '지적장애, 자폐, 행동문제'라는 말은 깔끔하게 떨어지는 세 가지 분류가 아니었다. '자폐 스펙트럼'이라는 말이 전문가들의 곤혹을 잘 표현하고 있지만, 이 '스펙트럼'에 해당되는지의 여부도 전문가의 연구 분야마다 해석이 다르다. 전문 지식이 부족하고 최신 정보에도 어두운 부모는 이야기하면 할수록 혼란에 빠진다. 검사를 거듭하던 와중에 "얘는 얼마 후면 성인이 되는데 이제 와서 진단명을 바꾼다고 달라질 것도 없잖아요"라고 투덜댔더니 소아정신과의사가 눈을 동그랗게 떴다. "앞으로 약이 나올 수도 있고 치료법이 개발될 수도 있어요. 자폐 치료를 연구하는 사람들이 많이 있다고요."

젊은 의사가 '자폐 치료'라는 말을 입에 담았을 때 나는 가벼운 충격을 받았다. 첫째 아이가 어렸을 때는 자폐나 지적장애에 의학적 용어인 '치료(cure)'라는 말이 쓰이면 안 된다고 배웠다. 이런 말을 하는 사람은 사이비거나 사기꾼이니까 당장 멀리하라고 몇 번이고 주의의 말을 들었다. 아무리 뇌의 가소성이 어떻고 조기중재가 어떻고 해도, 현재의 상태를 개선하고 가능성을 극대화하기 위한 테라피(therapy)와 병을 낫게 하는 치유(cure)는 다른 것이고(둘 다 한국에서는 '치료'로 번역된다), 우리 아이의 상태는 의학적으로는 치료가 불가능한 장애라고 했다.

그러나 지금은 그때와는 다른 시대다. 유전자를 조작하고, 암 치료제를 개발하며, 노화를 되돌리고, 뇌에 인공신경을 심은 다음 외부의 로봇을 구동한다. 얼마 전, 유전자편집으로 청각장애를 치료한 사례가 보도되었다. 몇십 년 후에는 자폐증도 치료할 수 있을 거라는 전망이 나왔고, 여러 회사가 자폐증 치료제를 개발 중이라고 한다. 아이가 처음 진단을 받은 이후 많은 시간이 흘러서, 그 사이에 이런 연구가 의미 있는 진전을 이루고 있다는 것을 전혀 모르고 있었다.

∴

우리는 변화의 시간을 살고 있다. 20세기 초반까지도 의사소통이 되지 않는 사람들의 명칭은 '백치', '벙어리'였고 교육 받을 가치가 없다고 여겨졌다. 당시 의학 수준으로는 왜 그런지를 파악하기도 어려웠으니 원인이 다르더라도 다 똑같은 취급을 받았다. 가족이 돌봐주지 못하면 마을 안에서 천대되는 삶을 살았으며, 근대 국가에서는 열악한 환경의 수용시설에 갇혔다. 학교에 다녔을지라도 심각한 인권침해가 빈번했다. 각자의 상황에 맞는 치료나 개선을 고민하기보다는 사회의 시야에서 배제하거나, 아니면 시키는 대로 얌전히 따르도록 훈련하는 정도였다.

장애의 역사에 대한 책을 읽을 때마다 20세기 후반에 이룩된 기술과 사회의 진보에 감탄할 뿐이다. 그러나 1970년대에 한국에서 태어난 부모로서, 내 아이의 삶에 대한 기준과 기대도 내가 알아왔던 삶과 세대의 잣대에 머물러 있었다. 내 상식에 맞춰 아이를 판단한 후 아이의 미래를 제한하는 '어차피'라는 말을 입에 담을 때가 있다. 그럴 때마다 누군가가 내 등짝을 찰싹 때리면서 말한다. "섣불리 말하지 말아요. 미래가 어떻게 될지는 아무도 모른다고요."

아이가 어떻게 성장할지, 아이가 살게 될 미래 사회가 어떤 상태일지는 아무도 모른다. 내가 어렸을 때는 여자아이가 사회적 성취를 이룰 것을 기대하지 않았고, 그런 꿈을 품은 사람들을 적극적으로 훼방하고 끌어내리는 경우도 있었다. 여자아이들이 남자아이만큼 지적인 능력을 발휘하더라도 상대적으로 덜 도전적인 직업들이 권장되었다. 내가 전공한 학과에서는 남학생과 여학생의 정원을 따로 뽑았는데, 입학 점수는 여학생들이 더 높더라도 '대학원에 들어가고 전업 작가가 되는 것은 어차피 남자들이다'라는 인식 때문이었다. 20년 사이에 사회도, 세상의 상식도 빠르게 바뀌었다. 사람들은 어제는 당연했지만 오늘은 그렇지 않은 것들을 숨 가쁘게 배워나간다.

미국에서 '장애가 있는 아이'를 일컫는 '지원이 필요한 아이(child with special needs)'라는 말을 처음 배웠을 때는 가뜩이나 영어도 못하는데 꼭 이렇게 빙빙 돌려 길게 말해야 하는지 이해할 수 없었다. 장애아(disabled child)라는 말을 쓰면 짧고 분명하지 않느냐고 투덜대는 나에게, 장애가 있는 아이를 계기로 특수교육을 전공한 동료인 애나가 조곤조곤 설명해주었다. "아이들은 변하는 존재니까. 그 가능성을 제한하는 형용사가 먼저 나오지 않게 아이(child)라는 말을 먼저 쓰는 거야. 불가능(disabled)이라는 말은 아이들에게는 여간해서는 쓰지 않아. 그 아이들이 나중에 어떻게 될지는 아무도 모르잖아."

∴

'학습이 어려운 아이'란 무엇이며, 그 아이들은 왜 학습을 못하는가? 이 아이들에게 필요한 것이 주어졌을 때 이 아이들은 어디까지 성취할 수 있을까? 학문의 발전과 사회의 변화에 따라, 이 질문에 대한 대답이 달라진다. 한때는 학습이 어려운 것이 게

으르고 노력하지 않는 문제라고 생각해서, 공부를 못하는 아이를 혼내고 때리던 시절이 있었다. 요즘은 그런 무지한 짓은 잘 하지 않는다. 아이의 문제를 개별적으로 진단하고, 맞춤형으로 추가 학습을 제공하려고 노력한다. 칠판이 잘 안 보이는 아이에게는 안경과 화면 확대 기능을 제공하고, 청각장애가 있는 아이에게는 보청기를 주며, 난독증이 있는 아이에게는 읽기 소프트웨어를 구비해주고, 주의집중장애가 있는 아이에게는 약물치료를 한다. 학습이 어려운 아이들, 특수교육이 필요한 아이들을 위해 만들어진 소프트웨어들이 있다. 의학의 발전과 IT 기술의 발전은 지적 역량이 부족한 사람들에게 앞으로 어떤 변화를 가져다줄까?

지적장애인과 자폐인이 약물을 통해 치료되어 정상의 지능을 갖게 되는 것을 주제로 한 공상과학소설들을 읽은 적이 있다. 소설에서나 벌어지는 이런 일이 내 아이의 생애에 일어나지 않더라도, 높은 수준의 AI는 장애가 있는 사람들이 더 좋은 삶을 살아가도록 도와줄 수 있을 것이다. 함께 작업을 진행하면서 부족한 지적 역량을 보충해주거나, 길을 찾고 물건을 사는 등의 기본적인 생활에서 해야 할 일을 옆에서 하나하나 지시해주거나, 삶에서 중요한 의사결정을 안전하고 의미 있게 할 수 있도록 돕는, 학교를 졸업한 후에도 몇십 년간 지속될 인생에 필요한 것을 적절히 채워줄 수 있는 기술들이 그리 멀지 않은 미래에 사용될 것이다. 이런 기술을 사용하는 방법을 배우는 것이 학교에서 중요하게 여겨질 것이다. 그리고 AI를 사용하는 인간은, 표준에 미치지 못하는 지적 능력이나 남과 다른 뇌기능으로 인한 한계를 넘어 자신의 의사를 표현하고 타인과 교류하고 세상에 기여할 수 있을지도 모른다.

어떤 순간에든지 내 아이에 대해 '달라질 것도 없다'고 말해서는 안 되었다. 나는 아직 아무것도 모른다고, 이미 배운 것도 다 다시 배워야 한다고, 이 시대의 한계와 나의 무지를 인정하는 것이 가장 멋진 미래를 만드는 좋은 방법이라고 여러 번 되새긴다. 장애가 있는 첫째 아이에게도 그렇고, 조금 더 많은 선택지가 가능한 둘째 아이에게도 그렇고, 아직도 한참이나 남은 나의 인생에도, 그리고 끊임없이 변화하는 환경에 서 있는 나의 일에도 그럴 것이다. 다음 세대를 디자인하는 교육이라는 일을 하니 더욱 그렇다. 미래는 아무도 모른다. 인간이 가진 지적 능력의 용도와 정의를 기술이 바꾸고 있는 이 시대의 미래는 특히 그렇다.

미래학자 앨빈 토플러는 "21세기의 문맹이란 글을 읽고 쓰지 못하는 사람이 아니다. 배우고, 배운 것을 지우고, 다시 배우는 일을 하지 못하는 사람이다"라고 말했다. 빠르게 변하는 세상에서는 다시 배워야 할 것이 너무나 많다. 현재의 불가능에 맞춰 아이의 미래를 가두지 말자고, 지금까지 알고 있던 것도 빠르게 지우자고, 나는 미래에 대해 아무것도 아는 것이 없다고 다시 한번 다짐한다.

사과나무를 심는 마음으로

CEO라는 직책에 있으면 외롭다고 말하는 것은 대화를 나눌 사람이 별로 없기 때문이다. 하루 종일 회의다 뭐다 말을 많이 하지만, 그런 것이 아니라 그냥 아무렇게나 떠오르는 생각을 나누는 대화가 필요할 때가 있다. 그렇지만 사람들은 CEO 역할을 맡은 사람이 입을 열었을 때는 논리적으로 명확하게 의사소통하고 의미 있는 정보나 결론을 말해줄 것을 기대한다. 정리되지 않은 생각을 회사의 동료나 투자자에게 섣불리 말하면 혼란스러워지고, 회사의 맥락을 모르는 사람들에게 설명하는 것은 그리 도움이 되지 않는다. 생각을 같이 정리해줄 상대를 찾을 수 없어서 곤란해하고 있으면, 건호가 "나를 곰돌이 인형이라고 생각해"라면서 앉아서 말을 들어주는데, 이 곰돌이의 지식과 논리와 맥락이 나와 크게 다르지 않으니 대화가 한자리에서 맴돌기 일쑤다.

그래서 정기적으로 만나서 대화를 나눠주는 멘토가 생겼을 때는 매우 기뻤다. 마이크로소프트(MS) 에듀케이션 팀의 디렉터인 맷 주빌리어는 MS가 만든 사회적 기업가 지원 프로그램을 통해 만났다. 몇 차례 만난 후 맷에게 그동안 누구에게도 하지 않던 말을 꺼냈다. "굳이 이렇게 어려운 문제를 푸는 게 의미가 있을지 모르겠어. 공교육이 아니고는 학습이 어려운 아이들에게 닿을 길이 없는데, 국가 단위로는 공교육의 디지털 전환에 도무지 진전이 없어. 글을 못 읽는 아이들이 몇억 명씩 쌓여 있는데 계약 하나당 단위가 몇백 명밖에 안 돼. 이 일을 평생 해도 큰 차이를 만들어낼 수 없을 것 같아서 두려워."

맷은 "네가 지금 하려는 일이 네 인생이 끝나기 전에, 너희 회사가 끝나기 전에 이룰 수 있는 일이야?"라고 물었다. 나는 그럴 리가 없다고 대답했다. 70억 명이 사는 지구에서 장애와 문맹과 교육격차의 문제가 몇십 년 안에 해결될 리가 있겠는가. 그는 그럼 별일도 아니라는 듯이 말했다. "그럼 뭘 걱정해? 너희랑 비전이 같은 사람과 조직을 알아내서 두루 협력하고, 그 생태계 안에서 너희가 제일 하고 싶고 잘하는 일을 골라서 재미있게 하면 되지."

인생에서 기억에 남는 대화들이 있다. 아주 오랫동안 고민하던 일, 혹은 아예 생각지도 않았던 것에 대해서 마치 벼락처럼 떨어져 마음에 꽂히는 말이 있는데, 이날의 대화가 그랬다.

처음에는 한 아이를 위해서 시작한 일인데, 다양한 대상과 여러 나라의 아이들을 만나고 엑스프라이즈 대회에서 우승한 후에 나는 살짝 망상에 빠졌다. 학습이 어려운 모든 아이들에게 우리 제품을 주겠다는, 가능하지도 않고 유익하지도 않은 목표를 가졌던 것이다. 어차피 혼자 할 수도 없고, 죽을 때까지 이룰 수도 없는 목표라고 생각하자 마음이 가벼워졌다.

맷과의 대화 후 우리가 일하고 있는 교육 생태계를 더욱 중요하게 인식하기 시작했다. 우리는 기초교육 솔루션을 만드는 에듀테크 회사다. 이걸 잘하는 것이 우리의 일이다. 아이들이 배워야 할 학습의 기준을 정하고 교과과정의 기준을 잡는 것은 공교육 정책가가 하고, 예산을 만드는 것은 정부와 개발협력기관, 국제기구나 재단의 몫이며, 현지에서 아이들을 직접 만나고 학습을 제공하는 것은 학교, 교사, 그리고 그들과 함께 일하는 NGO들의 역할이다. 종이책과 교구는 잘 만드는 다른 회사가 있고, 기초교육을 넘어서는 부분은 그것을 잘하는 다른 회사의 소프트웨어를 쓰면 된다. 전체의 지도를 그리고, 그 안에서 내가 잘하는 영역의 경계를 긋고, 내가 안 하고 있는 것은 남이 할 거라고 생각하자 할 일이 좀 더 뚜렷해졌다. '하고 싶고 잘하는 걸 골라서 재미있게 하면 되지.'

우리가 잘하는 것은 무엇일까? 우리는 디지털 기술로 아이들이 배워야 할 기초 지식을 잘 가르친다. 눈길을 끌 수 있게 예쁘게 만들고, 재미있게 만들고, 어떤 수준에서도 성공할 수 있게 만든다. 보통 이런 제품을 구매하는 선진국의 중산층 가정의 필요에만 맞추는 것이 아니라, 학습이 어려운 환경과 수준의 아이들에게도 닿을 수 있게 만든다. 다양한 언어와 문화를 이용해 만든다. 우리 팀의 슈퍼파워는 그런 아이들이 학습에 괴로운 상황을 떠올리고 공감하는 능력과, 그걸로 멋진 제품을 만드는 실행력이다. 여기서 내가 맡은 CEO라는 일은 회사 전체에 영향을 미치는 의사결정을 내리는 일이다. 이전의 나는 이런 직업은 상상하지도 못했고, 처음 시작할 때도 내가 이 일을 잘할 거라고 생각하지 않았다.

나에게 CEO의 일에 대해 가르친 스타트업 코치 제리 콜로나는 CEO의 역할은 다음과 같다고 말했다. "첫째, 비전(vision)을 세운다. 두 번째, 그 비전을 같이하고 싶은 최고의 사람들을 모아 그들이 잘할 수 있도록 자원을 보급한다. 세 번째, 그 안에서 (그 비전에 도달할 수 있다고) 가장 굳게 믿는 사람이 된다."

이 말을 수첩에 적어두고 매일 들여다보지만, 다른 사람에게 믿게 하려면 일단 내가 먼저 믿어야 하는데 그게 매우 어렵다. 이 목표가 말이 되나? 이 일을 진짜 해도 되나? 이런 CEO의 의사결정을 믿을 수 있나? 그럴 때 건호가 함께 생각해주고 응원해주지 않았다면 나는 아무것도 결정하지 못했을 것이다.

그렇게 내린 결정을 민망하고 멋쩍게 말을 꺼내면, 회사 동료들은 해볼 만하다고 엄지손가락을 치켜들어주었다. 그리고 내가 자원을 조금 늦게, 항상 적게, 허덕이며 보급하는 중에도 믿을 수 없이 멋진 제품을 만들고, 내가 미처 상상하지 못했던 많은 아이들에게 닿게 해주었다. 이렇게 멋진 사람들과 오랫동안 같은 꿈을 꾸면서 일하고 있는 것은 즐거운 일이다. 우리는 어느새 12주년을 맞았고, 에누마 사람들은 150명이 되었으며, 여전히 조금씩 성장하고 있다.

나와 건호가 처음 만났을 때는 둘 다 스무 살이 되기 전이었다. 우리는 공부 잘하는 사람들의 좁은 세상에서 남들이 생각하는 대로의 삶을 살았다. 시험을 잘 보고, 좋은 대학을 나오고, 빨리 성장하는 회사에서 열심히 일했다. 이렇게 살면 5년 후, 10년 후에 무슨 일이 벌어질지 다 알 것 같았다. 그러던 우리의 인생에 '건강하지 않고 평범하지 않은 아이'라는 두렵고 굉장한 사건이 벌어졌을 때, 우리는 그때까지 삶에 대해서 배웠던 것을 모두 지우고 무슨 일이 벌어질지 모르는 길에 발을 디뎠다.

그 이후로 우리는 길 없는 길을 걸었다. 어떤 사람은 장애를 가진 아이의 부모는 삶이 당연히 불행할 것이라고 지레 짐작했고, 우리도 인생에 그리 많은 것을 기대하지 못했었다. 사실 쉽지 않았다. 첫째 아이는 어릴 때 의사들이 경고했던 문제를 다 갖고 있고, 예상 못 한 여러 가지 병명이 더 붙었다. 회사를 창업한다는 것은 생각했던 것보다 훨씬 어렵고 괴로운 일이었다. 수많은 실수와 빗나간 예측, 잘못된 결정이 수시로 일어났고 그로 인해 미안해할 일들이 계속되었다. 이 모든 일을 시작했을 때 부러워했던 멋진 스타트업 CEO의 모습에 가까워지기는커녕 12년 더 나이를 먹어버렸다. 그러나 이전에는 상상도 못 했던 멋진 일들이 일상을 꽉 채웠다.

이제 나보다도 키가 커진 첫째 아이는 행복하게 고등학교에 다니고 있다. 수학 문제 풀기와 춤추기를 좋아한다. 좋아하는 유튜브 채널을 틀어놓고 레고를 조립하거나, 몇 시간씩 공들여 파워포인트의 도형 기능으로 그림을 그린다. 먼 곳으로 이사해서 일주일에 한 번씩 화상통화를 하는 단짝친구가 있다. 여행하는 것을 좋아해서 종종 짐 가방을 꾸려둔다.

둘째 아이도 인생에 많은 기쁨을 더해주었다. 이 아이는 디지털 네이티브를 넘어 AI 네이티브로 자라고 있다. 이 아이가 커서 어떤 직업을 얻고 어떤 삶을 살게 될지는 정말 짐작도 못 하겠지만, 부디 스스로 만족스러운 삶이기를 바란다.

그 길에서 나도 성장했다. 아이가 태어나면서 커리어를 포기하게 되었다고 생각했지만, 그때 상상할 수 있었던 것보다 훨씬 많은 일을 했다. 세계적인 재단들로부터 상을 받거나 사회적 기업가로서 인정받기도 했고, 전 세계에서 많은 사람을 만나고 쉴 새 없이 배웠다. 에누마도 여전히 살아남아 있고 매년 새로운 일을 하면서 진화하고 있다. 장애가 있는 아이들을 위한 수학 앱 회사에서 글로벌 교육 임팩트를 만들어내는 회사로, 다시 한중일 사교육시장에서 멋진 기초교육 서비스를 제공하는 회사로, AI의 시대에 교실을 돕기 위한 맞춤형 교육 소프트웨어를 제공하는 회사로 숨 가쁘게 뛰어왔으며, 아직 갈 길이 멀다. 세상의 교육은 이제 막 큰 분기점을 맞이하는 중이고, 우리 또한 AI 시대의 교육과 직업에 맞춰 계속해서 변화할 것이기 때문이다.

언젠가 우리가 하는 일을 발표하는 자리에서, 에누마의 미래를 뭐라고 해야 할지 막막해서 사과나무 그림을 PPT에 띄웠다.

"'내일 세계의 종말이 올지라도 나는 한 그루의 사과나무를 심겠다'는 유명한 말이 있다고 하더라고요." 한때는 스피노자가 한 말로 알려진 이 유명한 경구는 비록 출처가 분명치 않다고는 하지만, 말에 담긴 의미는 유효하다. 예쁜 사과나무를 생성형 AI 그림으로 그리고, AI 애니메이션으로 잎사귀도 살랑살랑 흔들리게 만들었다. 그러고 나서 나는 쑥스럽게 말했다. "내일 무슨 일이 생길지는 알 수 없으니, 오늘 가르칠 수 있는 아이들을 열심히 가르치고 있을게요."

누군가 내일 종말이 온다고 예언했다 할지라도 진짜로 그 일이 벌어질지 오늘은 결코 알 수 없다. 그러므로 오늘 옳은 일을 하는 것이 옳다. 심지어 오늘 세상이 끝날 것 같은 일이 벌어졌다고 해도 그 뒤의 선택에 따라 기적 같은 미래가 찾아오는 경험을 하게 될지도 모른다. 우리 인생에 벌어졌던 힘들고 괴로웠던 일들이 지금의 우리를 만들었고, 그렇게 얻은 경험은 그 어떤 것과도 바꾸고 싶지 않다.

미래를 몰라서 너무 다행이지 않으냐고, 오래전에 나이 든 의사가 예언하듯이 이야기했다. "아무도 이 아이의 미래를 모른다고! 정말 멋지지 않니?" 그 당시 나는 속으로 남의 일이니까 가볍게 말한다고 투덜댔지만, 되돌아보니 그만큼 현명한 말이 없었다. 아무것도 몰랐기 때문에 눈 딱 감고 뛰어내리듯 새로운 삶에 뛰어들었다. 험한 산을 오르고 계곡을 넘고 매일 생각지도 못했던 기쁨을 만나고 새로운 것을 배운다. 앞으로도 그저 우리가 잘하는 일을 하고 싶은 대로 하고, 가르칠 수 있는 아이들을 가르치고, 이 모든 것들이 그 아이들과 아이들이 살아갈 세상에 조금이라도 의미 있기를 기도할 뿐이다.

"아무도 이 아이의 미래를 모른다고!
정말 멋지지 않니?"

맺음말

책에서는 누구나 자신의 이야기를 자르고 편집해서 자기가 좋을 대로 말할 자유가 있다는 말을 들은 적이 있다. 이 책의 이야기 또한 수많은 시간 중에서 몇 가지 사건을 골라내어 한 줄로 연결한 창작물이다. 그러다 보니 이 책에서 말하지 않은 이야기들도 많이 있다.

이 책 속의 '나' 혹은 '우리'에는 나와 남편 건호의 생각이 함께 담겨 있다. 이 책은 첫째 아이가 태어난 후 우리의 시간에 대한 책이다. 공동 창업자이자 아이를 함께 키우는 부부로서 우리는 이 모험을 함께했다. 또 '우리'의 많은 부분에는 함께 일하는 동료들과 회사가 담겨 있다. 나는 이 책에서 우리 회사를 대표해서 회사의 일에 대해 설명했다. 수많은 멋진 결정들과 아름다운 제품들, 그걸 만들고 모든 아이들에게 닿게 하기 위해서 벌이는 모든 모험은 에누마의 동료 모두가 함께한 일이다.

이 책에 '아이'라는 단어가 많이 나오기에 헷갈려서 우리 아이들에게는 이름을 붙여 구분하려다가 그렇게 하는 것이 별로 의미가 없음을 깨달았다. 한 아이에게서 얻은 깨달음은 다른 아이에게로 옮겨진다. 이 아이들에게 주고 싶은 마음이 저 아이들에게로 퍼진다. 우리의 일은 어차피 그런 것이다.

이 일을 할 수 있게 된 계기와 괴롭고 힘든 순간에 여전히 목표를 붙들고 있도록 도와준 것은 나의 가톨릭 신앙이다. 하지만 회사 일 이야기에 신앙 이야기를 섞어 넣으면 오해가 생길 수도 있고, 제대로 설명할 수도 없기에 쓰지 못했다. 내가 어떻게 학습이 어려운 다른 모든 아이들을 돕겠다는 마음을 먹게 되었는지와, 힘든 순간을 도와준 많은 기도에 대한 이야기 같은 것 말이다. 진짜 열심히 일했으니 좋은 결과가 있기를 기도한 순간들, 일반적으로는 '진인사 대천명(盡人事待天命)'이라고 하는 시간에 나는 "하느님을 사랑하는 이들, 그분의 계획에 따라 부르심을 받은 이들에게는 모든 것이 함께 작용하여 선을 이룬다는 것을 우리는 압니다"라는 로마서 구절(8장 28절)을 떠올린다.

이 구절은 아이가 태어났을 때 시아버님께서 보내주신 것이고, 그 이후로 나에게 중요한 글이 되었다. 나를 키우고 여전히 인생의 기댈 곳이자 등대가 되어주시는 내 부모님만큼이나, 항상 응원하고 아껴주시는 시부모님께도 많이 의지하고 감사드린다. 결혼한 여성이 남편과 함께 사업을 하는 상황에서 양쪽 부모님에게 아낌없는 응원과 지원을 받는 것이 얼마나 귀한 일인지 매번 생각한다.

애초에 게임을 교육에 써보겠다는 생각을 하게 해준 사람은 시고모님인 이인숙 교수님이다. 그분은 세종대학교 교육학과 명예교수이며, 교육공학회 회장을 역임하셨다. 게임 회사에 자리를 잡은 어린 조카 부부에게 "게임이 교육에 매우 도움이 될 수 있어"라는 말씀을 자주 하시고 내가 엔씨소프트에서 영어교육을 게임과 접목하는 프로젝트를 시작할 때부터 응원해주셨다. 이 책을 써보겠다고 마음먹은 것은 지금은 한국교육학술정보원 KERIS 원장인 이화여대 정제영 교수님의 제안 때문이었다. 내 이야기가 다른 사람들과 나눌 의미가 있다고, 시간이 없어서 책을 내기 어려우면 같이 써보자고까지 말씀해주셨다. 맺음말에서나마 감사의 말씀을 전한다.

나를 둘러싼 사람들이 차마 입 밖에 내지 않은 말들은 여기에 쓰지 않았다. 한마디라도 모진 말을 듣는 것이 마땅했던 많은 순간에 그 말들이 전해지지 않았기에, 나는 부끄러움에 지거나 걱정으로 쓰러지지 않고 마음껏 일할 수 있었다. 회사가 자라려면 마을이 하나 필요하고, 그 마을이 친절하고 현명한 사람들로 꽉 차 있다면 누구든지 자기의 가능성을 최대한 발휘할 수 있다. 가족과 함께 일하는 동료뿐 아니라 이사회와 투자자들, 업계의 조언자들, 파트너들, 멘토들, 우리의 평판에 대해 말을 전하는 사람들은 항상 친절하고 너그러웠다. 특히 회사를 같이 만들어준 마누 쿠마르, 개럿 와일리, 변호사인 래리 케인, 인비저닝 파트너스의 제현주 파트너, SBVA의 진윤정 파트너로 이루어진 에누마의 이사회는 정말 더할 나위 없는 응원군이다. 이사회를 할 때마다 설레는 마음으로, '우리 이사회 너무 멋져'라고 생각할 수 있는 창업자는 세상에 그리 많지 않을 것 같다. 우리가 성공적이고 자랑스러운 회사로 오래 남아서 그 기대에 잘 보답할 수 있기를 바랄 뿐이다.

원고를 다듬고 책을 출간하도록 도와주신 어크로스의 최윤경 편집장과 김형보 대표에게도 큰 감사를 드린다.

이 책의 초안을 썼을 때 뒤에서 들여다보던 건호가 "이거 반성문이야?"라고 해서, 내 개인적인 회고와 반성을 많이 지웠다. 모두를 대표해서 말하려면 좋은 이야기를 많이 하는 편이 더 옳을 것이다. 그래도 반성할 일이 너무 많아 다 없애지 못했지만, 에누마의 모든 동료들과 함께 이룩한 성과와 자랑스러움을 내 부족함과 부끄러움이 가리는 일이 없기를, 그리고 여기에서 내가 잘

못 기억했거나 다르게 쓰인 부분이 있어도 너그러이 이해받기를 바랄 뿐이다.

내 인생에서 벌어진 모든 배움의 시간과 함께했던 사람들에게, 앞으로 맞이할 배움의 기회들에 한없는 감사를 보낸다.

우리는 모두 다르게 배운다

초판 1쇄 발행 2024년 9월 6일
초판 2쇄 발행 2024년 10월 25일

지은이 이수인
발행인 김형보
편집 최윤경, 강태영, 임재희, 홍민기, 강민영, 송현주, 박지연
마케팅 이연실, 이다영, 송신아 **디자인** 송은비 **경영지원** 최윤영, 유현

발행처 어크로스출판그룹(주)
출판신고 2018년 12월 20일 제 2018-000339호
주소 서울시 마포구 동교로 109-6
전화 070-5080-4037(편집) 070-8724-5877(영업) **팩스** 02-6085-7676
이메일 across@acrossbook.com **홈페이지** www.acrossbook.com

ⓒ 이수인 2024

ISBN 979-11-6774-164-6 03370

만든 사람들
편집 최윤경 **교정** 이진숙 **표지디자인** 오필민 **본문디자인** 송은비 **조판** 순순아빠

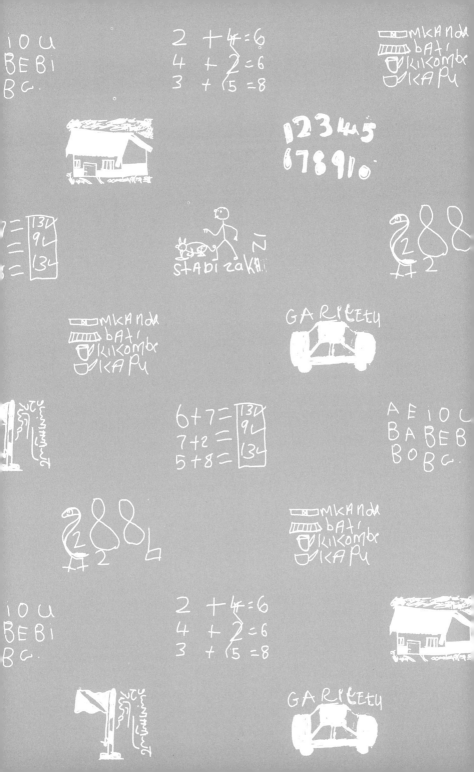

A E I O U
B A B E B I
B O B U.

2 + 4 = 6
4 + 2 = 6
3 + 5 = 8

MKANDA
bATI
KIKOMBE
KAPU

1 2 3 4 5
6 7 8 9 10.

6 + 7 = 13
7 + 2 = 9
5 + 8 = 13

STADI ZAKA

NZI

6 + 7 = 13
7 + 2 = 9
5 + 8 = 13

MKANDA
bATI
KIKOMBE
KAPU

A E
B A
B O

GARI EETY

2 88 L

2

A E I O U
B A B E B I
B O B U.

2 + 4 = 6
4 + 2 = 6
3 + 5 = 8

GARI EETY